나는야
초등 뉴스왕
영어 편

현직 교사 4인이 선정한 60가지 교과 연계 이슈

나는야 초등 뉴스왕

영어 편

엄월영 지음 · Michael Morgan 감수

책들의 정원

> 머리말

언어의 한계는 세계의 한계

　지금, 이 순간에도 세계 곳곳에서는 다양한 사건들이 일어나고 있습니다. 이러한 소식들을 가장 빠르고 정확하게 받아들일 수 있는 매체가 바로 신문입니다. 그러니 신문을 많이 읽으면 시야가 넓어지고 생각의 폭이 확장되는 것은 당연한 결과라고 볼 수 있습니다. 그런데 알고 계실까요? 신문은 견문을 넓혀주는 것 외에도 장점이 많습니다. 다양한 사건을 정리된 글의 형식으로 읽을 수 있기 때문에 창의력, 사고력, 문해력에 큰 도움이 됩니다. 특히 영문자 신문은 영어 실력과 문해력 두 마리 토끼를 한꺼번에 잡을 수 있는 좋은 자료입니다. 게다가 다양한 문화적 배경을 더욱 깊이 이해할 수 있어 새로운 세계를 탐험하고 지식을 넓히는 즐거움을 제공해 줄 수 있습니다.

　이렇게 유익한 영문자 신문을 보다 쉽게 접할 수는 없을까요? 이만큼 장점이 많아도 막상 찾아서 읽으려니 막막한 것이 사실입니다. 신문 기사는 특성상 내용이 복잡하고 전문성을 띠어서 아이들이 쉽게 읽기는 어렵습니다. 그런데 영어로 된 기사를 주면 당연히 읽기가 더 어려울 것입니다.

　그래서 《나는야 초등 뉴스왕: 영어 편》에서는 이런 어려운 점들을 보완하여 학생들이 영문자 신문을 쉽고 재미있게 접할 수 있도록 편찬하였습니다. 그러기 위해 우선, 기사의 길이를 학생들이 부담스럽지 않을 정도로 줄이고 어휘와 표현을 쉽게 정리했습니다. 그리고 영어 기사와 우리말 번역 기사를 함께 실어서 영어 기사를 이해하기 힘든 친구들이 쉽게 읽을 수 있도록 구성했습니다. 초등 3~6학년 학생들이 쉽게 영어를 익힐 수 있도록 영어 교육과정과 연계할 수 있는 기사들을 선정하였으니, 학교 영어 수업 시간에 배웠던 표현들을 발판 삼아 기사의 내용을 이해하면서 자연스레 심화 표현까지 익힐 수 있을 것입니다.

  소재의 다양성, 읽는 재미도 물론 놓치지 않았습니다. 최대한 다양한 소재와 국내외 다양한 기사들을 통해 우리가 지금 살아가는 세계 속에서 일어나는 다양한 이야기를 담았습니다. 그러니 어린 독자들도 더욱 흥미롭게 기사를 읽어나갈 수 있을 것입니다. 《나는야 초등 뉴스왕: 영어 편》에 수록된 기사를 통해 학생들이 영문자 신문을 읽는 습관을 길러 나갔으면 합니다. 사용하는 언어의 한계는 곧 세계의 한계입니다. 이는 단순히 사용하는 언어의 개수가 많아야 한다는 의미가 아닙니다. 견문을 넓히고 더 큰 인재가 되기 위해서는 읽고, 이해하고, 학습하는 능력이 필수적이라는 의미입니다. 필자는 이 책이 본격적으로 아이들을 끌어주고 더 넓은 세상으로 이끌어주는 마중물 역할을 톡톡히 할 것이라 기대합니다.

2024년 8월
엄월영

차 례

- 머리말 | 언어의 한계는 세계의 한계 ·········· 4

뉴스 읽기 초보

- Goodbye, Fu Bao. Welcome home, Fu Bao ① ·········· 12
- Goodbye, Fu Bao. Welcome home, Fu Bao ② ·········· 14
- What color is the track? About the 2024 Paris Olympics ① ·········· 16
- What color is the track? About the 2024 Paris Olympics ② ·········· 18
- It's a work of art. It's not a banana ① ·········· 20
- It's a work of art. It's not a banana ② ·········· 22
- A special flight team, The Black Eagles ① ·········· 24
- A special flight team, The Black Eagles ② ·········· 26
- My name is Ohtani. The baseball genius, Ohtani ① ·········· 28
- My name is Ohtani. The baseball genius, Ohtani ② ·········· 30
- Who is Jungkook? The legend of K-pop ① ·········· 32
- Who is Jungkook? The legend of K-pop ② ·········· 34
- Blue whales are very big. The largest animal on Earth ① ·········· 36
- Blue whales are very big. The largest animal on Earth ② ·········· 38
- How many new students? Only one new student ① ·········· 40
- How many new students? Only one new student ② ·········· 42
- I have a pet stone. Pet stone for peace of mind ① ·········· 44
- I have a pet stone. Pet stone for peace of mind ② ·········· 46
- The newly developed robot 'Figure 01' ① ·········· 48
- The newly developed robot 'Figure 01' ② ·········· 50

뉴스 읽기 기본

- Emergency! New emotions come rushing in! ① ———— 54
- Emergency! New emotions come rushing in! ② ———— 56
- Don't play ball in the Children's Park ① ———— 58
- Don't play ball in the Children's Park ② ———— 60
- I like 'Buldak'. Why did buldak become popular overseas? ① ———— 62
- I like 'Buldak'. Why did buldak become popular overseas? ② ———— 64
- How much is an apple? It becomes a real 'golden apple' ① ———— 66
- How much is an apple? It becomes a real 'golden apple' ② ———— 68
- It's too hot and it's raining too much ① ———— 70
- It's too hot and it's raining too much ② ———— 72
- Where is the cat? It's in the box ① ———— 74
- Where is the cat? It's in the box ② ———— 76
- What do you do on weekends? Traveling with my pet ① ———— 78
- What do you do on weekends? Traveling with my pet ② ———— 80
- It's time for lunch. Best time to have lunch ① ———— 82
- It's time for lunch. Best time to have lunch ② ———— 84
- The 12th best soccer player in the world Son Heungmin ① ———— 86
- The 12th best soccer player in the world Son Heungmin ② ———— 88
- Is this your card? Finding the card owner for 300 won ① ———— 90
- Is this your card? Finding the card owner for 300 won ② ———— 92

뉴스 읽기 심화

- "I will travel by train on the moon." Building a railroad on the moon ① ---- 96
- "I will travel by train on the moon." Building a railroad on the moon ② ---- 98
- What a beautiful palace! The Palace of Versailles ① ---- 100
- What a beautiful palace! The Palace of Versailles ② ---- 102
- Introducing doctor boxer Seo Ryeokyung ① ---- 104
- Introducing doctor boxer Seo Ryeokyung ② ---- 106
- How much is the shirt of 'fast fashion'? ① ---- 108
- How much is the shirt of 'fast fashion'? ② ---- 110
- Let's reduce food waste. Too much food waste ① ---- 112
- Let's reduce food waste. Too much food waste ② ---- 114
- How often do you use the KakaoTalk application? ① ---- 116
- How often do you use the KakaoTalk application? ② ---- 118
- May I help you? Small good deeds make great happiness ① ---- 120
- May I help you? Small good deeds make great happiness ② ---- 122
- Finding dinosaur bone fossils on vacation ① ---- 124
- Finding dinosaur bone fossils on vacation ② ---- 126
- Where is Guyana? World's largest deep-sea oil field ① ---- 128
- Where is Guyana? World's largest deep-sea oil field ② ---- 130

뉴스 읽기 완성

- Whose treasures are those? ① 134
- Whose treasures are those? ② 137
- It is more expensive than lobster. About batinomus ① 140
- It is more expensive than lobster. About batinomus ② 143
- I'm from the Congo, but I want to be Korean ① 146
- I'm from the Congo, but I want to be Korean ② 149
- When is the World Water Day? It's March 22nd ① 152
- When is the World Water Day? It's March 22nd ② 155
- Faker, the living legend of LoL ① 158
- Faker, the living legend of LoL ② 161
- She has dark skin. "Juliet is black?", "Not my Ariel." ① 164
- She has dark skin. "Juliet is black?", "Not my Ariel." ② 167
- What do you think about students' use of smartphones? ① 170
- What do you think about students' use of smartphones? ② 173
- We should protect the environment. Rusty rivers in Alaska ① 176
- We should protect the environment. Rusty rivers in Alaska ② 179
- It is going to be completed in 2026. The Sagrada Familia ① 182
- It is going to be completed in 2026. The Sagrada Familia ② 185
- May I take your order? Amazing coffee-making robot ① 188
- May I take your order? Amazing coffee-making robot ② 191

부록

- 기사별 연계 교과 알아보기 196
- 정답 200

나는야 초등 뉴스왕

뉴스 읽기 초보

연계 교과 과정 | 3학년   1. Hello!

Goodbye, Fu Bao.
Welcome home, Fu Bao ①

신문 읽기 전, 지식 챙기기

푸바오는 2016년 3월 시진핑 중국 국가주석이 한국과 중국의 친선 도모 상징으로 보내온 판다 러바오와 아이바오 사이에서 태어난 판다예요. 우리나라에서 자연 분만으로 태어난 최초의 판다이기도 하죠. 세계의 모든 판다는 중국의 소유로, 판다가 4살이 될 무렵에 중국으로 반환된다고 해요.

Fu Bao was the first giant panda born at Everland.
She was born through natural breeding in South Korea.
Now, she has returned to China.
Fu Bao gave joy and happiness to many people during her time in Korea.

푸바오는 에버랜드에서 태어난 최초의 자이언트 판다예요.
푸바오는 한국에서 자연 분만을 통해 태어났죠.
이제 푸바오는 중국으로 돌아갔어요.
푸바오는 한국에 있는 동안 많은 사람들에게 기쁨과 행복을 주었답니다.

기사 더 알아보기

1. 맞으면 O, 틀리면 X를 쓰세요.
- 푸바오는 우리나라에서 자연 분만으로 태어난 최초의 판다예요. ☐
- 푸바오는 여전히 한국에서 볼 수 있어요. ☐

2. 다음 문장의 빈칸을 영어로 채워 보세요.
- Fu Bao was the ☐☐☐☐☐☐ giant panda born at Everland.

  푸바오는 에버랜드에서 태어난 최초의 자이언트 판다예요.
- Fu Bao gave ☐☐☐ and ☐☐☐☐☐☐☐☐☐ to many people during her time in Korea.

  푸바오는 한국에 있는 동안 많은 사람들에게 기쁨과 행복을 주었어요.

3. 깊이 탐구해 보세요.
- 한국의 동물원에서 살던 푸바오가 왜 중국으로 돌아가게 되었는지 설명해 보세요.

단어 배우기

• first : 처음의	• giant : 거대한	• born : 태어나다
• natural : 자연의	• breed : 새끼를 낳다	• South Korea : 한국
• return : 돌아오다	• China : 중국	• joy : 기쁨
• happiness : 행복		

연계 교과 과정 | 3학년   1. Hello!

Goodbye, Fu Bao.
Welcome home, Fu Bao ②

신문 읽기 전, 지식 챙기기

중국은 고대부터 외교를 위해 주변국에 판다를 선물하거나 임대해 주었어요. 어떠한 동물 종 전체의 소유권을 한 국가가 소유하는 건 흔한 일이 아니지만 판다는 중국 중남부에 서식하는 고유종이고 중국이 아닌 곳에서는 볼 수 없기 때문에 이러한 중국의 정책이 유지될 수 있었답니다.

When Fu Bao left, many Korean fans gathered in sadness and said "Goodbye, Fu Bao, you must be happy" and "I love you Fu Bao, let's meet again".

In China, many people welcomed Fu Bao to their hometown and shouted, "Welcome home, Fu Bao".

Everland plans to update fans about Fu Bao's life in China.

푸바오가 떠나자 많은 한국 팬들은 슬픔에 잠겨 "잘 가요, 푸바오. 행복해야 해요", "사랑해요, 푸바오. 또 만나요"라며 안타까움을 표했어요.

중국에서는 푸바오가 고향에 돌아온 걸 사람들이 환영했고, "집에 온 걸 환영해요, 푸바오"라고 외쳤어요.

에버랜드는 푸바오의 중국 생활 소식을 팬들에게 전할 계획이에요.

기사 더 알아보기

1. 맞으면 O, 틀리면 X를 쓰세요.

- 푸바오가 떠나자 많은 한국 팬들이 기뻐했어요. ☐
- 중국에서는 푸바오의 복귀를 환영했어요. ☐

2. 다음 문장의 빈칸을 영어로 채워 보세요.

- "☐☐☐☐☐☐☐, Fu Bao, you must be happy."

"잘 가요, 푸바오. 행복해야 해요."

- "☐☐☐☐☐☐ home, Fu Bao."

"집에 온 걸 환영해요, 푸바오."

3. 깊이 탐구해 보세요.

- 주변국에게 판다를 임대해 주는 중국의 외교 정책에 대해 어떻게 생각하는지 자신의 의견을 써 보세요.

_____

_____

단어 배우기

• when : 언제	• leave : 떠나다 left의 현재형	• fan : 팬, 애호가
• gather : 모이다	• sadness : 슬픔	• must : 해야 하다
• welcome : 환영하다	• hometown : 고향	• shout : 외치다
• plan : 계획하다	• update : 최근 정보를 알려주다	• life : 삶, 생명

연계 교과 과정 | 3학년   6. What Color Is It?

What color is the track?
About the 2024 Paris Olympics ①

신문 읽기 전, 지식 챙기기

문화 예술의 도시 프랑스 파리에서 열린 2024 파리 올림픽! 낭만의 상징 센강에서 열린 개회식에서 에펠탑을 배경으로 참가국 선수들이 입장하는 등 여러 볼거리가 있었는데요. 그중에서도 눈에 띄는 건 스타디움의 트랙이에요. 뭐가 특이하냐고요? 지금부터 알아보도록 해요.

The 'Stade de France' is the largest stadium in France. The 2024 Paris Olympics will be held there. Many athletics events, such as running and the high jump will be there.

This stadium has a unique track color. Traditionally, tracks are brick-red colored.

However, the track chosen by France for the Olympics is purple.

'스타드 드 프랑스'는 프랑스에서 가장 큰 경기장이에요. 2024년 파리 올림픽도 이곳에서 개최되지요. 이곳에서는 달리기, 높이뛰기 등 많은 육상 경기가 열린답니다.

이 스타디움은 트랙의 색깔이 독특해요. 전통적으로 트랙은 벽돌색이에요.

그런데 프랑스가 올림픽을 위해 선택한 트랙은 보라색이에요.

기사 더 알아보기

1. 맞으면 O, 틀리면 X를 쓰세요.
- 스타드 드 프랑스는 2024년 파리 올림픽이 열리는 경기장이에요. ☐
- 스타드 드 프랑스의 트랙은 벽돌색이에요. ☐

2. 다음 문장의 빈칸을 영어로 채워 보세요.
- ☐☐☐☐☐☐☐☐☐☐☐☐☐, tracks are ☐☐☐☐☐-☐☐☐ colored.
  전통적으로 트랙은 벽돌색이에요.
- The track chosen by France for the Olympics is ☐☐☐☐☐☐.
  프랑스가 올림픽을 위해 선택한 트랙은 보라색이에요.

3. 깊이 탐구해 보세요.
- 올림픽의 역사와 의의에 대해 더 조사해 보세요.

_____

_____

단어 배우기

• largest : 가장 큰	• stadium : 경기장	• be held : 개최되다
• athletic : 육상의	• unique : 독특한	• track : 트랙
• traditionally : 전통적으로	• brick-red : 벽돌색	• colored : 색깔의
• chosen : 선택된	• purple : 보라색	

연계 교과 과정 | 3학년　6. What Color Is It?

What color is the track?
About the 2024 Paris Olympics ②

신문 읽기 전, 지식 챙기기

스타드 드 프랑스의 트랙은 이탈리아의 유명 스포츠용품 회사에서 개발에 박차를 가하고 있다는데요. 색만 바꾼 건 아니라고 해요. 트랙 지면의 반발력과 탄성을 높여 선수들이 최고의 퍼포먼스를 낼 수 있도록 설계한다는 계획이죠. 생산이 끝나면 롤 형태로 프랑스로 가져간 뒤, 깔고 붙이면 간단히 작업이 끝날 것이라는데, 이렇게 보라색 트랙을 선보이는 건 올림픽 사상 처음이라고 해요.

A famous Italian sporting goods company is developing the track.

"When people think of French landscapes, the color purple comes to mind. That is why the track is purple."

The purple track will be the first track of its color in history.

이탈리아의 유명 스포츠 용품 회사에서 현재 트랙을 개발하고 있어요.

"사람들이 프랑스의 풍경을 생각할 때, 보라색이 떠오르지요. 이것이 트랙 색상이 보라색으로 설정된 이유입니다."

이 보라색 트랙은 역사상 세계 최초의 트랙이 될 거예요.

기사 더 알아보기

1. 맞으면 O, 틀리면 X를 쓰세요.

- 프랑스 풍경을 생각할 때 사람들이 떠오르는 색이 보라색이기 때문에 트랙의 색이 보라색으로 결정되었어요. ☐
- 보라색 트랙은 이전에 다른 곳에도 있었어요. ☐

2. 다음 문장의 빈칸을 영어로 채워 보세요.

- When people think of French ☐☐☐☐☐☐☐☐☐s, the color purple ☐☐☐☐s ☐☐ ☐☐☐☐☐.

  사람들이 프랑스의 풍경을 생각할 때 보라색이 떠오르지요.

- That is why the track is ☐☐☐☐☐☐☐.

  이것이 바로 트랙 색상이 보라색으로 설정된 이유입니다.

3. 깊이 탐구해 보세요.

- 트랙은 무조건 벽돌이라는 편견을 깬 프랑스의 시도가 신선하다는 반응을 불러일으키고 있는데요. 이처럼 편견을 깨뜨린 사례를 조금 더 조사해 보고 편견에 대한 나의 생각을 써 보세요.

_____

_____

단어 배우기

- famous : 유명한
- goods : 상품
- company : 회사
- develope : 개발하다
- landscape : 풍경
- come to mind : 생각이 떠오르다
- purple : 보라색
- history : 역사

연계 교과 과정 | 3학년   2. Oh, It's a Ball!

It's a work of art.
It's not a banana ①

신문 읽기 전, 지식 챙기기

단순히 벽에 테이프로 붙여 놓은 바나나 하나가 우리 돈 약 1억 6,000만 원에 팔렸어요. 이 작품의 이름은 〈코미디언〉으로, 이탈리아의 미술가 '마우리치오 카텔란'의 작품이에요. 그런데 바나나는 상하기 때문에 매번 교체해 주어야 해서 이 작품의 실물 바나나 자체는 크게 중요하지 않아요. 바나나를 누군가 먹어서 바나나가 없어지더라도 〈코미디언〉이라는 작품 자체가 가진 개념 자체가 중요한 거랍니다.

What's this? Is this a banana?
No, it isn't. This is a work of art.
A banana is attached to the wall.
The name of the work is 〈Comedian〉.
It's 120,000 dollars. It's the most expensive banana in the world.

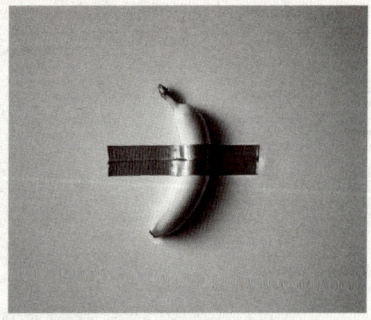

이건 뭘까요? 바나나일까요?
아니요. 바나나가 아니에요. 이건 예술 작품이랍니다.
바나나가 벽에 붙어 있어요. 이 작품의 이름은 〈코미디언〉이에요.
이건 12만 달러예요. 세상에서 가장 비싼 바나나죠.

기사 더 알아보기

1. 맞으면 O, 틀리면 X를 쓰세요.
- 벽에 붙어 있는 바나나는 단순한 바나나가 아니라 예술 작품이에요. ☐
- 작품 이름은 〈특별한 바나나〉예요. ☐

2. 다음 문장의 빈칸을 영어로 채워 보세요.
- This is a ☐☐☐☐ of ☐☐☐.
  이건 예술 작품이랍니다.
- A banana is ☐☐☐☐☐☐ed to the ☐☐☐☐.
  바나나가 벽에 붙어 있어요.

3. 깊이 탐구해 보세요.
- 여러분이 생각하기에 벽에 붙은 바나나를 미술 작품이라고 볼 수 있을까요? 자신의 생각을 정리해 보세요.

___

___

단어 배우기

- work : 작품
- art : 예술
- attach : 붙이다
- wall : 벽
- dollar : 달러
- most : 가장
- expensive : 비싼
- world : 세계

연계 교과 과정 | 3학년   2. Oh, It's a Ball!

It's a work of art.
It's not a banana ②

 신문 읽기 전, 지식 챙기기

마르셀 뒤샹의 〈샘〉은 기성품으로 작품을 만드는 레디 메이드(ready-made) 미술 방식의 대표적인 작품이에요. 그는 남성용 소변기를 변형시키지 않고 제목만 붙여서 미술품으로 변신시켰어요. 예술은 반드시 예술가의 손을 거쳐서 만들어야 하는 것이 아니라 이미 만들어져 존재하는 기성품에 작가가 의미를 만드는 것 또한 예술이 될 수 있다는 것을 알려준 최초의 작품이에요.

What's this? Is this just a urinal? No, it isn't. This is a work of art, too.

This is an ordinary men's urinal. People could see it in a restroom.

The artist just signed his name on a urinal. That all.

At the time, many judges said, "This isn't art".

But, it has now become a famous work of art.

이건 뭘까요? 이건 소변기인가요? 그렇지 않아요. 이것도 예술 작품이에요.
이건 일반 남자 소변기예요. 화장실에서 볼 수 있지요.
예술가는 소변기에 그저 자신의 이름을 적었어요. 그게 전부였지요.
그 당시 많은 심사위원들은 "이건 예술이 아니다"라고 판단했는데요.
하지만 이제는 유명한 예술 작품이 되었답니다.

사진: ⓒ Marcel_Duchamp,_1917,_Fountain,_photograph_by_Alfred_Stieglitz/Wikimedia Commons

기사 더 알아보기

1. 맞으면 O, 틀리면 X를 쓰세요.

- 예술가는 남자 소변기를 아름답게 채색하고 꾸며 작품으로 출품했어요. ☐
- 남자 소변기를 이용한 작품을 많은 심사위원들이 예술 작품으로 인정해 주었어요. ☐

2. 다음 문장의 빈칸을 영어로 채워 보세요.

- This is an ☐☐☐☐☐☐☐☐ men's urinal.

  이건 일반 남자 소변기예요.

- It has now become a ☐☐☐☐☐☐☐ work of art.

  이제는 유명한 예술 작품이 되었답니다.

3. 깊이 탐구해 보세요.

- 기사 속 〈코미디언〉과 〈샘〉은 개념 미술의 일종이에요. 개념 미술은 작품의 형태보다는 의미를 중요시하며 작품의 결과물보다 아이디어 자체가 작품이 된다고 보아요. 나만의 개념 미술 작품을 만들어 본다면 어떤 재료로 어떻게 만들지 구상해 보세요.

_____

_____

단어 배우기

- just : 그저
- urinal : 남자 소변기
- ordinary : 평범한
- see : 보다
- restroom : 화장실
- artist : 예술가
- sign : 서명하다
- judge : 심사위원
- become : 되다
- famous : 유명한

연계 교과 과정 | 3학년 9. I Can Swim

A special flight team, The Black Eagles ①

신문 읽기 전, 지식 챙기기

'블랙이글스'는 특수 비행을 전문으로 하는 대한민국 공군의 곡예비행팀이에요. 블랙이글스는 대한민국 공군을 대표한다는 사명감과 자부심으로 국가에는 충성과 봉사를, 국민에게는 기쁨과 희망을 주기 위해 다양한 곡예비행으로 고도의 비행 기량을 선보이고 있어요.

The Black Eagles fly in the sky. They paint the sky with their jets.

Several jets decorate the sky with colorful smoke.

It's a fantastic Black Eagles air show.

The Black Eagles are a special flight team. They represent the Korean Air Force.

하늘에서 블랙이글스가 비행을 하고 있어요. 전투기로 하늘에 그림을 그려요.

여러 전투기가 색색의 연기로 하늘을 수놓아요.

환상적인 블랙이글스 에어쇼지요.

블랙이글스는 대한민국 공군을 대표하는 특수 비행팀이에요.

기사 더 알아보기

1. 맞으면 O, 틀리면 X를 쓰세요.
- 블랙이글스는 색색의 연기로 하늘에 그림을 그려요. ☐
- 블랙이글스는 여객기를 운전하는 기장들로 구성되어 있어요. ☐

2. 다음 문장의 빈칸을 영어로 채워 보세요.
- They ☐☐☐☐☐ the sky with their jets.
  전투기로 하늘에 그림을 그려요.
- It's a ☐☐☐☐☐☐☐☐☐ Black Eagles air show.
  환상적인 블랙이글스 에어쇼지요.

3. 깊이 탐구해 보세요.
- 블랙이글스는 국내외 곳곳에서 에어쇼를 선보이고 있어요. 이렇게 블랙이글스가 사람들에게 에어쇼를 선보이는 목적은 무엇일지 더 조사해 보세요.

___

___

___

단어 배우기

- paint : 그리다
- jet : 제트기
- several : 몇몇의
- decorate : 장식하다
- colorful : 형형색색의
- smoke : 연기
- fantastic : 환상적인
- flight : 비행
- represent : 대표하다
- air force : 공군

연계 교과 과정 | 3학년   9. I Can Swim

A special flight team, The Black Eagles ②

신문 읽기 전, 지식 챙기기

블랙이글스는 각 대대에서 비행 능력이 뛰어난 파일럿들만 가려서 선발해요. 주로 곡예비행을 하는 것으로 알려졌지만, 고급 전투술을 비롯한 실전적인 훈련도 많이 하는 대한민국 공군 최고의 비행 능력을 가진 정예 부대라고 할 수 있어요. 각지에서 열리는 스페이스 챌린지에서 공연을 하거나, 국군의 날 행사, 국제 에어쇼에서 활약 중이랍니다.

The Black Eagles show amazing skills.

The jets can flip 360 degrees and dive or rise very quickly.

Many people enjoy their performances. The Black Eagles are famous around the world for their flying skills.

They promote Korea and the Korean Air Force all over the world.

블랙이글스는 놀라운 기술을 선보여요.

제트기는 360도 뒤집을 수도 있고 빠르게 다이빙하거나 비상할 수도 있어요.

많은 사람들이 그들의 공연을 즐겨요. 블랙이글스는 비행 기술로 세계에서 유명해요.

그들은 대한민국과 대한민국의 공군을 전 세계에 알린답니다.

 **기사 더 알아보기**

1. 맞으면 O, 틀리면 X를 쓰세요.
- 블랙이글스의 대원들은 놀라운 기술을 선보여요. ☐
- 블랙이글스는 우리나라와 우리나라의 공군을 전 세계에 알려요. ☐

2. 다음 문장의 빈칸을 영어로 채워 보세요.
- The jets can ☐☐☐☐ 360 degrees.
  제트기는 360도 뒤집을 수 있어요.
- Many people enjoy their ☐☐☐☐☐☐☐☐☐☐s.
  많은 사람들이 그들의 공연을 즐겨요.

3. 깊이 탐구해 보세요.
- 블랙이글스의 공연을 찾아보고 인상 깊었던 장면을 그림으로 그려 보세요.

단어 배우기

- show : 보여주다
- amazing : 놀라운
- skill : 기술
- flip : 홱 뒤집다
- degree : 각도
- dive : 뛰어들다
- rise : 비상하다
- enjoy : 즐기다
- performance : 공연
- promote : 홍보하다

연계 교과 과정 | 4학년   1. My Name Is Eric

My name is Ohtani.
The baseball genius, Ohtani ①

 신문 읽기 전, 지식 챙기기

오타니 쇼헤이는 일본의 야구 선수로 선발 투수 겸 지명 타자예요. 현재 메이저 리그의 LA 다저스 소속이지요. 그는 선발 투수이자 지명 타자 역할을 모두 훌륭하게 해내고 있는데요. 시속 165km의 최고 구속 기록을 보유한 오타니는 선발 투수로 10승 달성과 함께 타자로서도 아시아 출신 최초의 홈런왕에 선정되기도 했죠. 그리고 MLB 역사상 최초의 만장일치 MVP 2회를 수상하였답니다.

"Hi, My name is Ohtani Shohei."
This is what Ohtani said during his Major League debut. But Ohtani doesn't need to introduce himself anymore. He is very famous now.
Ohtani Shohei is a Japanese baseball player. He became the unanimous Major League MVP in 2023.

"안녕하세요. 제 이름은 오타니 쇼헤이입니다."
오타니가 메이저 리그 데뷔전에서 한 말이에요. 하지만 더 이상 오타니는 자신을 소개할 필요가 없어요. 왜냐하면 그는 지금 매우 유명하기 때문이지요.
오타니 쇼헤이는 일본의 야구 선수예요.
그는 2023년 만장일치로 메이저 리그 MVP가 되었어요.

사진: ©Embassy of the United States in Japan/ Wikimedia Commons

기사 더 알아보기

1. 맞으면 O, 틀리면 X를 쓰세요.
- 오타니 쇼헤이는 중국의 야구 선수예요. ☐
- 오타니 쇼헤이는 더 이상 자신을 소개하지 않아도 될 만큼 유명한 선수예요. ☐

2. 다음 문장의 빈칸을 영어로 채워 보세요.
- Ohtani doesn't need to ☐☐☐☐☐☐☐☐☐ himself anymore.

  오타니는 더 이상 자신을 소개할 필요가 없어요.
- Ohtani Shohei is a ☐☐☐☐☐☐☐ ☐☐☐☐☐☐☐☐ player.

  오타니 쇼헤이는 일본의 야구 선수예요.

3. 깊이 탐구해 보세요.
- 오타니 쇼헤이 선수를 자세히 조사해 본 뒤 닮고 싶은 점을 써 보세요.

___

___

단어 배우기

• during : ~하는 동안	• major : 주요한	• league : 리그
• debut : 데뷔	• need : 필요하다	• introduce : 소개하다
• anymore : 더 이상	• Japanese : 일본인의	• baseball : 야구
• player : 선수	• unanimous : 만장일치의	

연계 교과 과정 | 4학년   1. My Name Is Eric

My name is Ohtani.
The baseball genius, Ohtani ②

 신문 읽기 전, 지식 챙기기

오타니가 고교 시절에 작성했다는 '만다라트'는 매우 유명해요. 만다라트는 자신의 목표와 이를 달성하기 위한 구체적인 행동 계획을 적은 계획표예요. 오타니의 만다라트를 통해 그의 완벽한 인성과 실력이 타고난 능력이 아닌, 목표에 도달하기 위한 계획과 부단한 노력의 결과라는 걸 알 수 있답니다. 오타니는 만다라트를 통해 야구 실력뿐만 아니라 인성도 구체적으로 계획해 성장시켜 나갔어요.

Ohtani is a great player as both a pitcher and a hitter. He has great skills as a pitcher, and breaks records as a hitter.

Ohtani Shohei has natural talent and also works hard. He made a perfect plan in high school. This plan is called 'mandarat'. It made Ohtani become a better player.

He is a baseball genius and many people love him.

오타니는 투수로서도 타자로서도 훌륭한 선수예요. 그는 투수로서 좋은 실력을 갖고 있으며, 타자로서도 좋은 성적을 내고 있어요.

오타니 쇼헤이는 타고난 재능을 갖고 있으며 열심히 노력해요. 그는 고등학교 때 완벽한 계획을 세웠는데요. 이 계획을 '만다라트'라고 해요. 이 계획은 오타니를 더 나은 선수로 만들었어요.

그는 야구 천재예요. 많은 사람들이 그를 사랑해요.

기사 더 알아보기

1. 맞으면 O, 틀리면 X를 쓰세요.
- 오타니 선수는 타자로서만 좋은 성적을 내고 있어요. ☐
- 오타니 선수의 '만다라트'는 오타니 선수를 더 나은 야구 선수로 만드는 데 도움을 줬어요. ☐

2. 다음 문장의 빈칸을 영어로 채워 보세요.
- He made a ☐☐☐☐☐☐☐ plan in high school.
  그는 고등학교 때 완벽한 계획을 세웠는데요.
- He is a baseball ☐☐☐☐☐☐ and many people love him.
  그는 야구 천재예요. 많은 사람들이 그를 사랑해요.

3. 깊이 탐구해 보세요.
- 오타니가 자신의 꿈을 위해 만다라트를 작성한 것처럼, 내 꿈을 위한 계획을 간략하게 아래에 적어 보세요.

_____

_____

단어 배우기

• both : 둘 다	• pitcher : 투수	• hitter : 타자
• break : 깨다	• record : 기록	• natural : 타고난
• talent : 재능	• perfect : 완벽한	• call : 부르다
• better : 더 나은	• genius : 천재	

연계 교과 과정 | 3학년   10. She's My Mom

Who is Jungkook?
The legend of K-pop ①

 신문 읽기 전, 지식 챙기기

정국은 그룹 BTS의 메인 보컬로 뛰어난 가창력과 댄스 실력을 갖춘 아티스트예요. 강한 안무를 소화해내면서도 흔들리지 않는 안정적인 라이브가 일품이며 고음을 무리 없이 소화해내 그룹 활동뿐 아니라 솔로 가수로서도 국내외로 큰 사랑을 받고 있어요. 현재 정국은 군 복무 중이지만 여전히 인기는 식지 않고 있답니다.

Jungkook is a member of BTS.

Jungkook reached first place on Billboard's K-Pop Artist Top 100.

He became the first and only Korean soloist to be on the Billboard Hot 100 for 67 weeks.

As of 2024, Jungkook is serving in the military, but he is still popular.

정국은 방탄소년단(BTS) 멤버예요.

정국은 빌보드 K팝 아티스트 100에서 1위를 차지했어요.

그는 빌보드 핫 100에 67주 동안 진입한 최초이자 유일한 한국 솔로 가수가 되었답니다.

2024년 기준, 정국은 군 복무 중이지만 여전히 인기가 많아요.

사진: ⓒ The White House/Wikimedia Commons

기사 더 알아보기

1. 맞으면 O, 틀리면 X를 쓰세요.

- BTS 정국은 빌보드 K팝 아티스트 100에서 1위를 차지했어요. ☐
- BTS 정국은 2024년 기준으로 해외에서 열심히 가수 활동을 하고 있어요. ☐

2. 다음 문장의 빈칸을 영어로 채워 보세요.

- Jungkook is a ☐☐☐☐☐☐ of BTS.
  정국은 방탄소년단(BTS) 멤버예요.
- Jungkook reached ☐☐☐☐☐ place on Billboard's K-Pop Artist Top 100.
  정국은 빌보드 K팝 아티스트 100에서 1위를 차지했어요.

3. 깊이 탐구해 보세요.

- 외국에서 BTS 등 K팝 가수들이 선풍적인 인기를 끌고 있는 비결이 무엇일까요? 자신의 생각을 써 보세요.

_____

_____

단어 배우기

- **member** : 구성원, 멤버
- **place** : 장소, 곳
- **military** : 군대
- **reach** : ~에 이르다
- **week** : 일주일
- **still** : 여전히
- **first** : 첫 번째
- **serve** : 기여하다, 복무하다
- **popular** : 인기 있는

연계 교과 과정 | 3학년   10. She's My Mom

Who is Jungkook?
The legend of K-pop ②

신문 읽기 전, 지식 챙기기

지난 2월, 미국 빌보드 본사 선정 '빌보드 K팝 아티스트 100'에서 BTS 정국이 1위에 올랐어요. 정국의 솔로 데뷔곡 〈Seven〉이 빌보드 핫 100 1위에 올랐으며 빌보드 글로벌 200에서 7주 동안 정상을 차지했어요. 또한 정국의 솔로곡 〈Standing Next to You〉가 '빌보드 핫 100'에 16주 연속 머무르며 그가 내놓은 솔로곡 중 최장 기간 차트인을 기록했어요.

Why is Jungkook so popular around the world?

The secret is a beautiful and pure voice, great live performances, and dynamic dancing. He is excellent at singing, dancing, and producing music.

Jungkook is becoming a new legend in K-pop.

정국은 왜 이렇게 전 세계적으로 인기가 많을까요?

그 비결은 아름답고 순수한 목소리와 뛰어난 라이브 퍼포먼스, 역동적인 춤에 있어요. 그는 노래, 춤, 음악 프로듀싱에 탁월해요.

정국은 K팝의 새로운 전설이 되고 있답니다.

기사 더 알아보기

1. 맞으면 O, 틀리면 X를 쓰세요.
- 정국은 노래, 춤, 음악 프로듀싱에 모두 탁월해요. ☐
- 정국은 K팝의 새로운 전설이 되고 있어요. ☐

2. 다음 문장의 빈칸을 영어로 채워 보세요.
- The ☐☐☐☐☐☐ is a beautiful and pure voice, great live performances, and dynamic dancing.
  그 비결은 아름답고 순수한 목소리와 뛰어난 라이브 퍼포먼스, 역동적인 춤에 있어요.
- He is ☐☐☐☐☐☐☐☐☐ at singing, dancing, and producing music.
  그는 노래, 춤, 음악 프로듀싱에 탁월해요.

3. 깊이 탐구해 보세요.
- K팝의 발전이 우리나라에 어떤 긍정적인 영향을 끼치는지 생각해 보고 글로 써 보세요.

_____

_____

단어 배우기

• around the world : 전 세계적으로	• secret : 비밀, 비결	• pure : 깨끗한
• voice : 목소리	• live : 살아 있는, 생방송의	• performance : 공연
• dynamic : 역동적인	• excellent : 뛰어난	• produce : 제작하다
• legend : 전설		

연계 교과 과정 | 3학년   8. It's Very Tall!

Blue whales are very big.
The largest animal on Earth ①

신문 읽기 전, 지식 챙기기

대왕고래는 수염고래의 일종이에요. 흰긴수염고래 혹은 흰수염고래라고도 불리지만 검은 수염이 있어요. 몸길이는 25~30m 정도이고 몸무게는 100톤 정도지만, 200톤이 넘는 대왕고래도 발견되었어요. 거대한 체구를 유지하기 위해 먹이를 찾아 지구 전체를 헤엄쳐 이동하는데, 주로 먹이가 풍부한 남극해와 북극해에서 자주 발견된답니다.

Blue whales are very big. They are the largest animals on Earth.

Although they are extremely large, they can swim quickly.

Their bodies are gray or blue-gray and there are black whiskers inside their mouths.

They mainly eat krill. Krill are very small animals.

대왕고래는 매우 커요. 지구 상에서 가장 큰 동물이에요.

몸집이 매우 크지만 헤엄치는 속도는 빨라요.

몸은 회색 또는 청회색을 띠고 입 안에 검은색 수염이 있어요.

대왕고래는 크릴새우를 주로 먹어요. 크릴새우는 매우 작은 동물이랍니다.

사진: ⓒ NOAA Photo Library/Wikimedia Commons

기사 더 알아보기

1. 맞으면 O, 틀리면 X를 쓰세요.
- 대왕고래는 지구상에서 가장 큰 동물이에요. ☐
- 대왕고래는 큰 물고기들을 주로 먹어요. ☐

2. 다음 문장의 빈칸을 영어로 채워 보세요.
- They are the ☐☐☐☐☐☐☐ animals on Earth.
  지구 상에서 가장 큰 동물이에요.
- They can swim ☐☐☐☐☐☐☐.
  그들은 헤엄을 빠르게 쳐요.

3. 깊이 탐구해 보세요.
- 몸집이 아주 큰 대왕고래가 주로 아주 작은 크릴새우를 먹는 이유는 무엇일지 조사해 보세요.

_____
_____

단어 배우기

- largest : 가장 큰
- Earth : 지구
- although : 그럼에도 불구하고
- extremely : 극도로
- quickly : 빨리
- gray : 회색
- whisker : 수염
- inside : ~의 안에
- mainly : 주로
- krill : 크릴새우

연계 교과 과정 | 3학년   8. It's Very Tall!

Blue whales are very big.
The largest animal on Earth ②

신문 읽기 전, 지식 챙기기

대왕고래는 20세기 초까지만 해도 그 수가 많았지만 수십 년 전 무분별한 고래잡이로 멸종 위기에 놓였어요. 사라진 줄만 알았던 대왕고래가 섬나라 세이셸 근처 인도양 바다에서 다시 모습을 드러내고 있답니다. 이는 대규모 동물 살상을 중단하고 회복할 기회를 주면 동물들의 수가 다시 늘어날 수 있다는 교훈을 주었어요.

People overhunted them in the 20th century.

So, blue whales almost disappeared.

Since 1966, hunting blue whales has been banned by law.

Blue whales have reappeared in the Indian Ocean.

Many people are very happy with this news.

20세기에 사람들은 대왕고래를 마구 포획했어요.

그래서 대왕고래는 거의 사라졌지요.

이에 1966년부터 고래 사냥은 금지되었는데요.

인도양에 대왕고래가 다시 나타나고 있어요.

많은 사람들이 이 소식에 매우 기뻐하고 있어요.

기사 더 알아보기

1. 맞으면 O, 틀리면 X를 쓰세요.
- 20세기에 사람들은 대왕고래를 마구 포획했어요. ☐
- 지금 대왕고래는 멸종되었어요. ☐

2. 다음 문장의 빈칸을 영어로 채워 보세요.
- Blue whales almost ☐☐☐☐☐☐☐☐ed.
  대왕고래는 거의 사라졌어요.
- Blue whales have reappeared in the ☐☐☐☐☐☐ ☐☐☐☐☐.
  인도양에 대왕고래가 다시 나타나고 있어요.

3. 깊이 탐구해 보세요.
- 지구 상에는 개체 수가 매우 적거나 서식지 파괴, 기후 변화 등으로 인해 멸종의 위험이 있는 동물들이 많아요. 이런 동물들을 위해 무엇을 할 수 있을지 조사해 보세요.

_____

_____

단어 배우기

- **overhunt** : 과도하게 사냥하다
- **century** : 세기(100년)
- **disappear** : 사라지다
- **hunt** : 사냥하다
- **ban** : 금지하다
- **law** : 법
- **reappear** : 다시 나타나다
- **Indian Ocean** : 인도양

연계 교과 과정 | 3학년   4. How Many Apples?

How many new students?
Only one new student ①

 신문 읽기 전, 지식 챙기기

저출생(출생아의 수가 적은 상태)으로 2024년에 초등학교에 입학하는 학생들이 처음으로 40만 명 아래로 내려앉았어요. 앞으로 저출생 현상이 점점 심해지면서 초등학교 신입생 수는 더욱 빠르게 감소할 것으로 보여요.

How many new students were there this year at this school?
Only one!
This year, there was one new student at Bugye Elementary School in Daegu. There were five to six new students at this school until last year, but there was only one this year.

올해 이 학교에는 입학생이 몇 명일까요?
단 1명이랍니다!
올해 대구 부계초등학교에는 입학생이 1명 들어왔어요. 작년까지는 이 학교에 신입생이 5~6명 있었는데, 올해는 1명뿐이었어요.

기사 더 알아보기

1. 맞으면 O, 틀리면 X를 쓰세요.
- 대구의 부계초등학교에서는 올해 입학생이 1명 들어왔어요.
- 대구의 부계초등학교의 입학생은 지금까지 꾸준히 1명이었어요.

2. 다음 문장의 빈칸을 영어로 채워 보세요.
- ☐☐☐☐ ☐☐☐☐ new students were there this year at this school?
  올해 이 학교에는 신입생이 몇 명일까요?
- There was only ☐☐☐ this ☐☐☐☐.
  올해는 1명뿐이었어요.

3. 깊이 탐구해 보세요.
- 친구가 없이 혼자 공부하고 생활하는 교실은 어떨까요? 입학생이 1명인 학교의 교실 모습을 상상하여 써 보세요.

_____

_____

단어 배우기

- many : 많은
- new : 새로운
- year : 해(년)
- elementary school : 초등학교
- until : ~때까지
- last : 지난, 가장 최근의

연계 교과 과정 | 3학년   4. How Many Apples?

How many new students?
Only one new student ②

 신문 읽기 전, 지식 챙기기

2023년을 기준으로 우리나라 아동의 수는 43만 명으로 집계되었어요. 이 속도로 아동의 수가 줄어든다면 2033년 기준 아동수는 22만 명으로 예측돼요. 학교를 다니는 아이들이 줄어들면 교육 시설도 줄어들며 학교도 문 닫는 곳이 늘어날 거예요. 또한 미래에 생산 가능 인구 즉, 일할 사람이 줄어들게 되어 나라의 성장에도 안 좋은 영향을 끼칠 수 있어요.

In an interview, the new student said "I'm excited, but I'm sad because I don't have any friends".

But this school is in good condition.

There are no 1st grade students in 157 elementary schools nationwide.

The number of elementary school students is decreasing and the rate is becoming faster.

인터뷰에서 입학생은 "신나는데 친구가 없어서 아쉬워요"라고 말했어요.

그런데 이 학교는 상황이 좋은 편이에요.

전국 157개의 초등학교에 1학년 학생이 없어요.

초등학생 수가 감소하고 있는데, 그 속도가 점점 빨라지고 있어요.

기사 더 알아보기

1. 맞으면 O, 틀리면 X를 쓰세요.
- 전국 초등학교 중 1학년 입학생이 없는 학교는 10개 미만으로 손에 꼽아요. ☐
- 초등학생 수가 감소하는 속도가 점점 빨라지고 있어요. ☐

2. 다음 문장의 빈칸을 영어로 채워 보세요.
- I'm ☐☐☐☐☐☐☐, but I'm sad because I don't have any friends.
  신나는데 친구가 없어서 아쉬워요.
- The number of elementary school students is ☐☐☐☐☐☐☐☐☐☐.
  초등학생 수가 감소하고 있어요.

3. 깊이 탐구해 보세요.
- 전국적으로 출생률이 점점 감소하고 있어요. 이에 따른 문제점에는 무엇이 있을까요? 아울러 출생률을 높이기 위한 방법을 생각해 보고 써 보세요.

단어 배우기

- **interview** : 인터뷰
- **excited** : 신이 난
- **condition** : 상태
- **grade** : 학년
- **nationwide** : 전국적인
- **decrease** : 줄다
- **rate** : 속도
- **faster** : 더 빠른

연계 교과 과정 | 3학년   5. I Have a Pencil

I have a pet stone.
Pet stone for peace of mind ①

신문 읽기 전, 지식 챙기기

돌을 키우는 반려돌(Pet Rocks) 문화가 번지고 있어요. 반려돌 문화는 1975년 후반 미국에서 한 광고회사 관리자가 작은 돌을 상자에 담아 선물처럼 판매하면서 시작되었어요. 당시 미국에서는 선물 받는 사람을 놀래기 위한 장난처럼 유행했지만, 우리나라에서는 고요함과 마음의 안식을 얻기 위한 수단으로 인기를 끌고 있죠.

It is popular to keep rocks as pets.

There are many reasons to raise stones.

They're easy to grow because there is no need to water or take care of them.

The price is not expensive and they're easy to carry around.

돌을 반려동물처럼 키우는 것이 인기예요.

돌을 키우는 데에는 여러 가지 이유가 있는데요.

돌은 키우기가 쉬워요. 물을 줄 필요도 없고 돌볼 필요도 없기 때문이지요.

가격도 비싸지 않고 휴대도 간편해요.

기사 더 알아보기

1. 맞으면 O, 틀리면 X를 쓰세요.
- 돌을 반려동물처럼 키우는 것이 인기예요. ☐
- 반려동물처럼 키우는 돌은 특별하여 가격이 비싸요. ☐

2. 다음 문장의 빈칸을 영어로 채워 보세요.
- It is popular to keep ☐☐☐☐s as pets.
  돌을 반려동물처럼 키우는 것이 인기예요.
- There is no need to water or ☐☐☐☐ ☐☐☐☐ ☐☐ them.
  물을 줄 필요도 없고 돌볼 필요도 없어요.

3. 깊이 탐구해 보세요.
- 사람들이 돌을 반려동물처럼 키우는 이유는 무엇인지 정리해 보세요.

_____

_____

단어 배우기

• popular : 인기 있는	• keep : 가지고 있다	• rock : 돌
• reason : 이유	• raise : 키우다	• stone : 돌멩이
• easy : 쉬운	• grow : 자라다	• take care of : ~을 돌보다
• price : 가격	• expensive : 비싼	• carry : 나르다, 가지고 다니다

연계 교과 과정 | 3학년   5. I Have a Pencil

I have a pet stone.
Pet stone for peace of mind ②

 **신문 읽기 전, 지식 챙기기**

미국 《월스트리트저널》 등의 외신은 우리나라의 반려돌 문화가 지나치게 열심히 일하는 사회 분위기와 연관이 있다고 보도했어요. 일과 공부에 지친 한국인들이 관리가 편하면서도 정적인 고요함을 찾아 돌을 키운다고 전했어요.

People work hard and have a lot of stress. So, they raise stones for peace of mind. People can tell their stone about difficult things. The stone cannot understand, but people feel at ease.

Stones don't change. It's always by their side in the same way.
It gives them peace of mind.

사람들은 일을 많이 하고 스트레스도 많이 받아요. 그래서 그들은 마음의 평화를 위해 돌을 키우죠. 사람들은 돌에게 힘든 일들을 이야기해요. 돌은 그 말들을 이해할 수 없지만 사람들은 마음이 편안해져요.
돌은 변하지 않아요. 항상 같은 방식으로 그들의 곁에 있어요.
이런 점이 사람들에게 마음의 평화를 가져다 준답니다.

기사 더 알아보기

1. 맞으면 O, 틀리면 X를 쓰세요.

- 사람들은 돈을 벌기 위해 돌을 키워요. ☐
- 돌은 변함없이 사람들의 곁에서 마음의 평화를 줘요. ☐

2. 다음 문장의 빈칸을 영어로 채워 보세요.

- They raise stones for ☐☐☐☐☐ of mind.

  그들은 마음의 평화를 위해 돌을 키워요.

- Stones don't ☐☐☐☐☐☐.

  돌은 변하지 않아요.

3. 깊이 탐구해 보세요.

- '반려'는 짝이 되는 동무라는 뜻이에요. 동물, 식물, 물건 무엇이든 상관없이 내가 키우고 싶은 반려물이 있다면 무엇인가요? 반려물과 무엇을 하고 싶은지 써 보세요.

___

___

단어 배우기

- stress : 스트레스
- peace : 평화
- mind : 마음
- difficult : 어려운
- thing : 것
- understand : 이해하다
- ease : 쉬움, 편안함
- change : 변하다
- side : ~쪽, 옆
- same : 같은

연계 교과 과정 | 3학년   3. Sit Down, Please

The newly developed robot 'Figure 01' ①

신문 읽기 전, 지식 챙기기

사람과 실시간으로 대화를 주고받는 건 물론, 직접 물건을 찾아서 건네줄 수 있는 휴머노이드(사람을 닮은 로봇)가 공개됐어요. 미국의 인공지능(AI) 로봇 스타트업 '피규어 AI(Figure AI)'는 최근 '챗GPT(ChatGPT)'의 개발 업체와 개발한 휴머노이드 'Figure 01'의 모습을 공개했는데요. 로봇은 사람과 실시간으로 대화는 주고받는 건 물론, 직접 물건을 찾아서 건네줄 수 있는 능력까지 갖추었답니다.

"Give me something to eat." When a man said this, the robot picked up an apple and gave it to him.

The man didn't say apple, but the robot understood, chose the food, and took action.

This is the story of the newly developed robot, 'Figure 01', and the engineer.

"먹을 것 좀 주세요." 남자가 이렇게 말했을 때, 로봇은 사과를 집어 남자에게 줬어요.

그 남자는 사과라고 말하지는 않았어요. 하지만 로봇은 눈앞에서 음식을 이해하고 행동에 옮겼지요.

이건 새로 개발된 로봇 'Figure 01'과 엔지니어의 이야기예요.

기사 더 알아보기

1. 맞으면 O, 틀리면 X를 쓰세요.

- 로봇 'Figure 01'은 새로 개발된 로봇 이름이에요. ☐
- 로봇 'Figure 01'은 사과를 달라는 말을 듣고 사과를 전달했어요. ☐

2. 다음 문장의 빈칸을 영어로 채워 보세요.

- When a man said this, the robot ☐☐☐☐ ed ☐☐ an apple and gave it to him.

  남자가 이렇게 말했을 때, 로봇은 사과를 집어 남자에게 줬어요.

- This is the story of the newly ☐☐☐☐☐☐☐ ed robot.

  이건 새로 개발된 로봇의 이야기예요.

3. 깊이 탐구해 보세요.

- 'Figure 01'과 같이 인간의 능력을 닮은 인공지능 로봇들이 개발되고 있어요. 이와 같은 로봇이 널리 쓰이게 되면 우리의 생활은 어떻게 바뀔지 상상해 보세요.

단어 배우기

- **something** : 어떤 것
- **eat** : 먹다
- **pick up** : ~을 집다
- **action** : 행동
- **newly** : 새로
- **develop** : 개발하다
- **engineer** : 엔지니어

연계 교과 과정 | 3학년   3. Sit Down, Please

The newly developed robot 'Figure 01' ②

신문 읽기 전, 지식 챙기기

인공지능과 만나면서 로봇은 더욱 진화하고 있어요. 로봇의 두뇌 역할을 하는 AI 기술이 발전함에 따라 스스로 판단하고 행동할 수 있는 로봇들이 등장하고 있지요. 전문가들은 AI 발전으로 휴머노이드 로봇이 전기차, 스마트폰 다음으로 일상에서 지배적으로 사용되는 기술이 될 것이라고 내다봤어요.

"Explain what you just did." Then, the robot responded, "Apples were the only food on the table. So, I gave it to you".

The engineer said we can now talk with robots.

The robot could describe what it saw, plan its next actions, and explain its inferences.

Robots are becoming more and more like people.

"방금 무슨 일을 했는지 설명해 봐." 그러자 로봇은 "탁자 위에 있는 유일한 음식은 사과였어요. 그래서 내가 당신에게 줬어요"라고 말했어요.

엔지니어는 이제 우리가 로봇과 대화할 수 있다고 말해요.

로봇은 자신이 본 것을 설명하고, 다음 행동을 계획하며, 추론한 내용을 말로 표현할 수 있어요.

로봇이 점점 사람을 닮아가고 있답니다.

기사 더 알아보기

1. 맞으면 O, 틀리면 X를 쓰세요.
- 로봇은 자신이 본 것을 설명할 수는 있지만, 다음 행동을 계획하고 기억할 수는 없어요. ☐
- 로봇이 점점 사람을 닮아가고 있어요. ☐

2. 다음 문장의 빈칸을 영어로 채워 보세요.
- We can now ☐☐☐☐ with robots.
  이제 우리가 로봇과 대화할 수 있어요.
- Robots are becoming more and more ☐☐☐☐ people.
  로봇이 점점 사람을 닮아가고 있답니다.

3. 깊이 탐구해 보세요.
- 인공지능의 발전이 사람들을 행복하게 할까요? 자신의 의견과 근거도 함께 써 보세요.

_____

_____

단어 배우기

• explain : 설명하다	• respond : 대답하다	• only : 유일한
• talk : 말하다	• describe : 묘사하다	• next : 다음의
• inference : 추론하다	• more : 더욱	• like : ~와 비슷한

나는야 초등 뉴스왕
ELEMENTARY NEWS KING

뉴스 읽기 기본

연계 교과 과정 | 4학년　3. I'm Happy

Emergency!
New emotions come rushing in! ①

신문 읽기 전, 지식 챙기기

'비상! 새로운 감정들이 몰려온다!'
누구나 가지고 있는 감정들을 캐릭터로 표현해 전 세계인의 공감을 사며 사랑받은 디즈니·픽사 애니메이션 영화 〈인사이드 아웃〉의 두 번째 이야기 〈인사이드 아웃2〉가 개봉됐어요. 2편에는 13살이 된 라일리의 새로운 감정들이 함께 한다고 해 많은 관객들의 기대를 한 몸에 받고 있어요.

〈Inside Out 2〉 came out.

This movie is the second story of the 〈Inside Out〉 series.

The five emotions 'Joy, Sadness, Fear, Anger, and Disgust' are the main characters this time, like the first episode.

However, new emotions have been added.

〈인사이드 아웃 2〉가 개봉했어요.

이 영화는 〈인사이드 아웃〉의 두 번째 이야기인데요.

이번에도 첫 번째 이야기와 마찬가지로 '기쁨, 슬픔, 두려움, 분노, 혐오'의 다섯 가지 감정이 주인공이에요.

여기에 새로운 감정들이 추가된답니다.

기사 더 알아보기

1. 맞으면 O, 틀리면 X를 쓰세요.
- 〈인사이드 아웃 2〉가 개봉을 했어요. ☐
- 〈인사이드 아웃 2〉에는 새로운 감정들이 나오지 않아요. ☐

2. 다음 문장의 빈칸을 영어로 채워 보세요.
- The five ☐☐☐☐☐☐☐☐s '☐☐☐, ☐☐☐☐☐☐☐, ☐☐☐☐, ☐☐☐☐☐, and ☐☐☐☐☐☐☐☐' are the main ☐☐☐☐☐☐☐☐☐☐s.

  '기쁨, 슬픔, 두려움, 분노, 혐오'의 다섯 가지 감정이 주요 캐릭터예요.

- New emotions have been ☐☐☐ed.

  새로운 감정들이 추가되었어요.

3. 깊이 탐구해 보세요.
- 사춘기의 특성을 생각하여 〈인사이드 아웃 2〉의 내용을 상상해 보세요. 영화를 보았다면 줄거리를 정리해 보세요.

___

___

단어 배우기

• Inside : ~의 안에	• emotion : 감정	• joy : 기쁨
• sadness : 슬픔	• fear : 두려움	• anger : 화, 화나게 하다
• disgust : 역겨움	• character : 성격, 캐릭터	• like : ~와 같은
• episode : 사건, 에피소드	• add : 더하다	

055

연계 교과 과정 | 4학년   3. I'm Happy

Emergency!
New emotions come rushing in! ②

 신문 읽기 전, 지식 챙기기

우리는 화난 감정을 영어로 표현할 때 'angry'를 떠올리는데, angry는 정확히 말하면 '화난'이란 형용사 표현이에요. 'anger'는 '화'라는 명사적 표현이고요. 이 영화의 주인공인 기쁨, 슬픔, 화, 역겨움, 걱정, 부러움, 당황, 따분함은 이름이기 때문에 joy, sadness, anger, fear, disgust, anxiety, envy, embarrassment, ennui처럼 명사를 사용했답니다.

"Emergency! New emotions come rushing in!"

As Riley(the master of emotions) turns 13 and enters puberty, she experiences new emotions. So, new emotions, such as anxiety, embarrassment, envy, and ennui appear!

Many people love the story of the nine emotions.

"비상! 새로운 감정이 몰려온다!"

감정의 주인인 라일리는 13살이 되고 사춘기에 접어들면서 새로운 감정을 경험하게 되지요. 그래서 불안, 당황, 부러움, 따분함과 같은 새로운 감정이 등장해요!

많은 관객들이 이 아홉 가지 감정의 이야기를 좋아해요.

기사 더 알아보기

1. 맞으면 O, 틀리면 X를 쓰세요.
- 〈인사이드 아웃 2〉에서는 주인공 라일리가 성인이 되며 새로운 감정을 경험하게 돼요. ☐
- 아홉 가지 감정 이야기인 〈인사이드 아웃 2〉를 많은 관객들이 좋아해요. ☐

2. 다음 문장의 빈칸을 영어로 채워 보세요.
- As Riley turns 13 and enters puberty, she ☐☐☐☐☐☐☐☐☐☐ s new emotions.
  라일리가 13살이 되고 사춘기에 접어들면서, 새로운 감정을 경험해요.
- New emotions, such as ☐☐☐☐☐☐☐, ☐☐☐☐☐☐☐☐☐☐☐☐☐, ☐☐☐☐, and ☐☐☐☐☐ appear!
  불안, 당황, 부러움, 그리고 따분함과 같이 새로운 감정이 등장해요.

3. 깊이 탐구해 보세요.
- 현재 내가 자주 가지는 감정이 어떠한지 들여다보고 그 감정의 이유와 그에 대한 나의 생각들을 글로 표현해 보아요.

_____

_____

단어 배우기

• emergency : 비상	• rush : 급히 움직이다	• enter : 들어가다, 시작하다
• puberty : 사춘기	• experience : 경험하다	• such as : ~와 같은
• anxiety : 걱정	• embarrassment : 쑥쓰러움, 당황	• envy : 부러움
• ennui : 따분함	• appear : 나타나다	

연계 교과 과정 | 4학년 4. Don't Run!

Don't play ball in the Children's Park ①

신문 읽기 전, 지식 챙기기

서울의 한 어린이 공원에서 공놀이를 자제해 달라는 현수막이 걸려 논란이 일었어요. SNS에 해당 현수막 사진이 게시되었고, 이는 여러 누리꾼에 의해 공유되었죠. 이에 대다수는 어린이가 놀 수 있는 공원임에도 공놀이를 자제하라는 것은 지나치다는 입장을 내놨어요.

A banner was posted at a Children's Park.

This banner included phrases such as "Don't play ball games, such as soccer and baseball in the Children's Park."

This was produced by the District Office. They received complaints like, "Please prohibit children from playing with balls in the Children's Parks".

어린이 공원에 한 현수막이 게시되었어요.

이 현수막에는 "어린이 공원에서 축구, 야구와 같은 공놀이를 하지 마세요"와 같은 문구가 포함되어 있었죠.

이 현수막은 구청에서 제작했는데요. 구청 직원들은 "아이들이 어린이 공원에서 공놀이를 하지 못하게 해주세요"와 같은 불평을 받았다고 해요.

기사 더 알아보기

1. 맞으면 O, 틀리면 X를 쓰세요.
- 한 어린이 공원에 공놀이를 하지 말라는 현수막이 붙었어요. ☐
- 이 현수막은 공놀이의 소음에 항의하기 위해 동네 주민이 제작했어요. ☐

2. 다음 문장의 빈칸을 영어로 채워 보세요.
- Don't ☐☐☐☐ ball games, such as ☐☐☐☐☐☐☐ and ☐☐☐☐☐☐☐☐ in the Children's Park.

  어린이 공원에서 축구, 야구와 같은 공놀이를 하지 마세요.

- Please ☐☐☐☐☐☐☐☐ children from playing with balls in the Children's Parks.

  아이들이 어린이 공원에서 공놀이를 하지 못하게 해주세요.

3. 깊이 탐구해 보세요.
- 다음과 같은 현수막의 글귀를 보았을 때 어떤 생각이 들었나요? 공원에서 아이들이 공놀이를 하지 못하게 됐을 때 어떤 문제점이 일어나게 될지 생각해 보세요.

_____

_____

단어 배우기

• banner : 현수막	• post : 게시하다	• include : 포함하다
• phrase : 구절	• produce : 생산하다	• district : 지역, 구역
• receive : 받다	• complaint : 불평	• prohibit : 금지하다

연계 교과 과정 | 4학년   4. Don't Run!

Don't play ball in the Children's Park ②

신문 읽기 전, 지식 챙기기

노키즈존(No Kids Zone)은 아이들의 출입을 제한하는 곳을 말해요. 생각과 행동이 미성숙한 아이들의 행동으로 다른 사람에게 피해를 끼치는 일들이 많아지기 때문이라고 해요. 아이의 미성숙한 모습도 포용하는 사회 분위기가 필요해요.

There were various online reactions.

"Does it make sense that children can't play with a ball in a Children's Park?", "Noise is significant in densely populated areas."

These days, children don't have enough space to run around freely.

So, many people said "Prohibiting children from playing ball in parks is going too far".

이 문제에 대해 온라인에서는 다양한 반응이 나왔어요.

"어린이 공원에서 아이들이 공놀이를 할 수 없다는 게 말이 되나요?", "인구 밀집 지역에서는 소음이 상당해요."

요즘은 아이들이 자유롭게 뛰어놀 수 있는 공간이 부족한 상황이에요.

이에 많은 사람들은 "공원에서 아이들 공놀이를 금지하는 것은 너무 지나친 일이에요"라고 말해요.

기사 더 알아보기

1. 맞으면 O, 틀리면 X를 쓰세요.

- 이 문제에 대해 온라인에서는 통일된 반응만 나왔어요. ☐
- 요즘 아이들은 마음껏 뛰어놀 공간이 부족해요. ☐

2. 다음 문장의 빈칸을 영어로 채워 보세요.

- Does it ☐☐☐☐☐ ☐☐☐☐☐☐ that children can't play with a ball in a Children's Park?

  어린이 공원에서 아이들이 공놀이를 할 수 없다는 게 말이 되나요?

- Noise is ☐☐☐☐☐☐☐☐☐☐☐ in densely populated areas.

  인구 밀집 지역에서는 소음이 상당해요.

3. 깊이 탐구해 보세요.

- 이 문제를 어떻게 해결하면 좋을까요? 이런 불만을 제기한 주민에게 해결책과 더불어 나의 의견을 전달해 보세요.

___

___

단어 배우기

- **various** : 다양한
- **reaction** : 반응
- **make sense** : 의미가 통하다, 타당하다
- **significant** : 중요한
- **densely** : 빽빽하게
- **populate** : 살다
- **these days** : 요즘에
- **enough** : 충분한
- **space** : 공간
- **go too far** : 도를 넘다, 지나치다

연계 교과 과정 | 3학년　7. I Like Chicken

I like 'Buldak'. Why did buldak become popular overseas? ①

신문 읽기 전, 지식 챙기기

불닭 라면은 맵기로 유명한 볶음면이에요. 맵지만 특유의 중독성 있는 맛으로 해외에서 엄청난 인기를 얻고 있어요. 불닭 라면의 인기로 한국의 라면 수출액이 사상 처음 1달 수출 1억 달러를 돌파했어요. 2023년의 같은 기간에 비해 46.8% 증가한 기록이랍니다. 한국 회사들은 각국 소비자들의 입맛을 반영하여 불닭 라면을 현지 맞춤형으로 다양하게 출시하여 외국인들의 입맛을 공략하고 있어요.

Buldak is Korean spicy ramen.

It is very popular all over the world. Why did buldak become popular?

Many people think it's because of BTS.

BTS member Jimin, likes buldak and often uploads videos on YouTube of himself eating buldak. So many fans became interested.

불닭은 한국의 매콤한 라면이에요.

붉닭은 전 세계적으로 인기가 많은데요. 불닭은 왜 인기가 많아졌을까요?

많은 사람들은 '방탄소년단' 덕분이라고 생각해요.

방탄소년단 멤버 지민이 불닭을 좋아하여 유튜브에 '불닭'을 먹는 영상을 자주 올렸지요. 그래서 많은 팬들이 관심을 갖게 되었답니다.

기사 더 알아보기

1. 맞으면 O, 틀리면 X를 쓰세요.

- 불닭은 전 세계적으로 인기가 많아요. ☐
- 방탄소년단의 멤버 지민은 불닭을 먹는 영상을 인터넷에 올린 적이 없어요. ☐

2. 다음 문장의 빈칸을 영어로 채워 보세요.

- Buldak is Korean ☐☐☐☐☐☐ ramen.

  불닭은 한국의 매콤한 라면이에요.

- Why did buldak become ☐☐☐☐☐☐☐☐ ?

  불닭은 왜 인기가 많아졌을까요?

3. 깊이 탐구해 보세요.

- 불닭 라면의 인기 비결은 무엇일까요? 기사에 나와 있는 것을 토대로 자신의 생각을 덧붙여 정리해 보세요.

_____

_____

단어 배우기

- spicy : 매운
- think : 생각하다
- upload : 업로드하다
- interested : 관심 있어 하는

연계 교과 과정 | 3학년   7. I Like Chicken

I like 'Buldak'. Why did buldak become popular overseas? ②

신문 읽기 전, 지식 챙기기

해외에서 K푸드에 대한 인기가 날로 높아지고 있는 가운데, 미국에서는 까르보 불닭 라면을 구하기 힘든 품귀 현상까지 빚어지고 있어요. 까르보 불닭 라면은 매운 음식을 잘 못 먹는 외국인들을 겨냥하여 덜 맵고 부드럽게 만들었답니다. 한편, K푸드의 인기는 불닭뿐만이 아니에요. 냉동 김밥 또한 미국인들의 입맛을 사로잡아 '김밥 열풍'을 이끌고 있다고 해요.

In the US, 'Carbo Buldak', with a cream sauce flavor, is very popular.

It is less spicy and milder than original 'Buldak'. Many Americans are not good at eating spicy food, so it suits their taste.

Among K-food, kimbap is also popular. Frozen kimbap has become a hot topic in the US food market. In this way, K-food is gaining popularity overseas.

미국에서는 크림소스 맛이 나는 '까르보 불닭' 또한 큰 인기를 끌고 있어요.

까르보 불닭은 오리지널 '불닭'보다 덜 맵고 순해요. 많은 미국인들은 매운 음식을 잘 먹지 않아요. 그래서 그들의 입맛에 딱 맞지요.

K푸드 중에서 김밥 또한 인기인데요. 냉동 김밥이 미국에서 화제가 되기도 했죠. 이처럼 해외에서 한식이 인기를 끌고 있어요.

기사 더 알아보기

1. 맞으면 O, 틀리면 X를 쓰세요.
- K푸드 중 불닭 라면만 해외에서 인기를 끌고 있어요. ☐
- 미국인들의 입맛에 맞춘 까르보 불닭이 미국에서 큰 인기를 끌고 있어요. ☐

2. 다음 문장의 빈칸을 영어로 채워 보세요.
- ☐☐☐☐☐☐ kimbap has become a hot topic in the US food market.
  냉동 김밥이 미국에서 화제가 되기도 했죠.
- K-food is gaining popularity ☐☐☐☐☐☐☐☐.
  해외에서 한식이 인기를 끌고 있어요.

3. 깊이 탐구해 보세요.
- 김밥, 라면처럼 해외에 수출하면 인기를 끌 만한 K푸드는 무엇일까요? 그리고 기사 속 외국인들을 위한 덜 매운 불닭 라면처럼 내가 생각한 음식을 외국인들의 입맛에 맞게 바꾼다면 어떻게 변형하면 좋을지 아이디어를 제시해 보세요.

단어 배우기

• sauce : 소스	• flavor : 맛	• less : 덜하게
• mild : 순한	• original : 원래의	• suit : ~에게 맞다
• taste : 입맛	• among : ~중에서	• frozen : 냉동된
• gain : 얻다	• popularity : 인기	• overseas : 해외의

연계 교과 과정 | 4학년   10. How Much Is It?

How much is an apple?
It becomes a real 'golden apple' ①

신문 읽기 전, 지식 챙기기

사과 가격이 급등하여 사과가 진짜 '금사과'가 되었어요. 이처럼 사과 값이 오른 것은 기상 재해 등의 원인으로 사과 생산량이 큰 폭으로 줄어들었기 때문이에요. 여기에 비축했던 사과를 지난 설 연휴에 평소보다 2배 이상 풀면서 저장 물량은 더 부족해졌어요. 사과를 수입해 공급 부족을 해결할 수 있다는 지적도 있지만, 검역 절차 때문에 당장 수입은 쉽지 않은 상황이랍니다.

Do you know how expensive apples are nowadays?

The price of apples has more than doubled in the last year.

The price for 10kg of apples is 91,040 won. It is a 2.22 times increase from last year's price of 41,028 won(as of January 2024). Now, it has become a real 'golden apple'.

요즘 사과 가격이 얼마인지 아시나요?

사과 가격이 1년 새 두 배 이상 뛰었답니다.

사과 가격은 10kg에 9만 1,040원(2024년 1월 기준)으로 지난해 4만 1,028원보다 2.22배 오른 금액이지요. 이제는 진짜 '금사과'가 되었어요.

기사 더 알아보기

1. 맞으면 O, 틀리면 X를 쓰세요.

- 2024년 1월 기준, 사과 가격은 10kg에 4만 1,028원이에요. ☐
- 사과 가격이 1년 사이 2배 이상 올랐어요. ☐

2. 다음 문장의 빈칸을 영어로 채워 보세요.

- The price of apples has more than ☐☐☐☐☐☐d in the last year.

  사과 가격이 1년 새 두 배 이상 뛰었답니다.

- It has become a real '☐☐☐☐☐☐ apple'.

  이제는 진짜 '금사과'가 되었어요.

3. 깊이 탐구해 보세요.

- 사과 값이 폭등한 이유를 구체적으로 조사해 보세요.

단어 배우기

• expensive : 비싼	• nowadays : 요즘에는	• price : 가격
• double : 두 배의	• times : ~으로 곱한, ~배가 되는	• increase : 증가하다
• real : 진짜의	• golden : 금으로 만든, 황금빛의	

연계 교과 과정 | 4학년   10. How Much Is It?

How much is an apple?
It becomes a real 'golden apple' ②

신문 읽기 전, 지식 챙기기

사과 외에도 토마토 등 과채류 가격 역시 2023년보다 두 배 가까이 올랐다고 해요. 그 원인을 이상 기후로 보고 있는데요. 2023년 우리나라의 연평균 기온은 13.7도로 평년(지난 30년간 기후의 평균적 상태)보다 1.2도나 높았으며 기상 기록된 이후 가장 따뜻했어요. 한국은 전 세계 평균보다 더 빠른 온난화 속도를 보이고 있어요.

The reasons for this is weather disasters.

Last year, spring temperatures were too low and there was heavy rain in the summer. Apple production fell by 30% compared to last year.

Climate change is causing fewer and fewer places that are able to grow fruit.

그 이유는 기상 재해 때문이에요.

작년에는 봄 기온이 너무 낮고 여름에 비가 많이 왔어요. 올해 사과 생산량은 지난해보다 30% 감소했어요.

기후 변화로 인해 과일을 재배할 수 있는 장소가 점점 줄어들고 있어요.

기사 더 알아보기

1. 맞으면 O, 틀리면 X를 쓰세요.
- 사과 가격이 오른 이유는 사과 판매량이 늘어났기 때문이에요. ☐
- 기후 변화로 과일을 재배할 수 있는 장소가 줄어들고 있어요. ☐

2. 다음 문장의 빈칸을 영어로 채워 보세요.
- The reasons for this is ☐☐☐☐☐☐☐ ☐☐☐☐☐☐☐☐☐ s.
  그 이유는 기상 재해 때문이에요.
- Last year, spring ☐☐☐☐☐☐☐☐☐☐ s were too low.
  작년에는 봄 기온이 너무 낮았어요.

3. 깊이 탐구해 보세요.
- 사과 가격의 폭등 문제를 어떻게 해결하면 좋을까요? 나만의 해결 방법을 써 보세요.

_____

_____

단어 배우기

• reason : 이유	• weather : 날씨, 기상	• disaster : 재해, 재난
• spring : 봄	• temperature : 기온	• low : 낮은
• production : 생산량	• compared to : ~와 비교하여	• climate : 기후
• few : 적은	• place : 장소	• fruit : 과일

연계 교과 과정 | 3학년　11. Look! It's Snowing

It's too hot
and it's raining too much ①

 신문 읽기 전, 지식 챙기기

세계 전역에서 극단적인 날씨가 동시다발적으로 나타나고 있어요. 건조한 사막 기후인 두바이에는 1년 치 강수량이 한꺼번에 쏟아져 도시의 절반이 물에 잠기고 국제공항이 폐쇄되는 등 물난리를 겪었어요. 한편 동남아시아 전역에서는 최악의 더위가 이어지고 있어요. 최근 70개 지역에서 폭염 기록이 경신되었다고 해요. 지구 온난화로 인한 문제가 점점 더 심각해지고 있어요.

In April 2023, it was raining too much in Dubai.

But in Athens, the Greek capital, there was a sandstorm.

It was too hot in Southeast Asia.

In April 2023, the temperature in Bangladesh was 40.6 degrees. This is the highest in 58 years.

2023년 4월, 두바이에는 비가 너무 많이 내렸어요.

하지만 그리스 수도 아테네에는 모래 폭풍이 몰아쳤지요.

동남아시아는 너무 더웠어요.

방글라데시의 2023년 4월 기온은 40.6도였는데요. 이는 58년 만에 최고 기록이랍니다.

기사 더 알아보기

1. 맞으면 O, 틀리면 X를 쓰세요.
- 2023년 4월 세계 곳곳에서 이상 기후가 나타났어요.
- 2023년 4월에 두바이에서는 폭염이 이어지고 아테네에서는 비가 너무 많이 내렸어요.

2. 다음 문장의 빈칸을 영어로 채워 보세요.
- In Athens, the Greek capital, there was a ☐☐☐☐☐☐☐☐☐ .

  그리스 수도 아테네에는 모래 폭풍이 몰아쳤지요.
- It was too ☐☐☐ in Southeast Asia.

  동남아시아는 너무 더웠어요.

3. 깊이 탐구해 보세요.
- 세계 곳곳에서 나타나는 이상 기후에 관한 기사를 찾아보고 내용을 정리해 보세요.

_____

_____

_____

단어 배우기

- april : 4월
- capital : 수도
- sandstorm : 모래 폭풍
- southeast : 남동쪽
- degree : 도(각도, 온도)
- highest : 가장 높은

연계 교과 과정 | 3학년 11. Look! It's Snowing

It's too hot
and it's raining too much ②

 신문 읽기 전, 지식 챙기기

브라질 최남단 히우그란지두술주에서는 기록적인 폭우가 내렸어요. 도시 절반이 물에 잠기면서 축구장이 침수되고 비행기가 떠다닐 정도였어요. 이에 따라 인명 피해가 잇따르고 있어요. 사망자가 100명이 넘고 이재민은 30만 명이 넘었어요. 반면 브라질 중북부에서는 가뭄과의 싸움이 한창이에요. 지구가 더워지면서 피해는 점점 커지고 있어요.

The rain was very heavy in southern Brazil. So, half of a city was flooded.

But, it was hot in northern Brazil, too. But people suffered from drought.

As the Earth warms, the weather is changing.

브라질 남부에는 폭우가 내렸어요. 그래서 도시의 절반이 물에 잠겼지요.

하지만 브라질 북부 지역은 너무 더웠어요. 사람들은 가뭄으로 고통받았답니다.

지구가 뜨거워지면서 날씨도 변하고 있어요.

기사 더 알아보기

1. 맞으면 O, 틀리면 X를 쓰세요.

- 브라질에 무더위와 비가 동시에 찾아왔어요. ☐
- 지구가 뜨거워져도 날씨는 그대로예요. ☐

2. 다음 문장의 빈칸을 영어로 채워 보세요.

- The rain was very heavy in ☐☐☐☐☐☐☐☐ Brazil.
  브라질 남부에는 폭우가 내렸어요.
- It was hot in ☐☐☐☐☐☐☐☐ Brazil.
  브라질 북부 지역은 너무 더웠어요.

3. 깊이 탐구해 보세요.

- 이상 기후 문제가 점점 심각해지고 있어요. 이 문제를 해결하기 위해 우리가 할 수 있는 일을 써 보세요.

_____

_____

단어 배우기

- heavy : 무거운, 심한
- southern : 남부의
- half : 절반
- flood : 홍수
- northern : 북부의
- suffer from : ~로 고통받다
- drought : 가뭄
- warm : 따뜻한, 데워지다

연계 교과 과정 | 4학년   5. Where Is My Cap?

Where is the cat?
It's in the box ①

 신문 읽기 전, 지식 챙기기

주인도 모르게 택배 반품 상자에 들어간 고양이가 약 일주일 만에 1,000km 넘게 떨어진 곳에서 발견되었어요. 1,000km는 서울에서 부산까지(직선거리 약 325km)의 3배에 이르는 거리예요.

In the United States, a pet cat went into a delivery box. It was discovered 1,000 km away.

The cat's owner put an item in a box to return it to an online shopping mall. The cat jumped into the box, but the owner didn't see that. So, the cat was discovered by an online shopping mall employee.

The cat traveled 1,000 km inside the box.

미국에서는 반려 고양이가 배달 상자에 들어갔다가 1,000km 떨어진 곳에서 발견되었어요.

고양이 주인은 반품을 위해 상자를 두었는데 고양이가 그 상자 안으로 들어간 것이에요. 결국 고양이는 온라인 쇼핑몰 직원에게 발견되었답니다.

고양이는 상자 안에서 1,000km를 이동한 셈이지요.

기사 더 알아보기

1. 맞으면 O, 틀리면 X를 쓰세요.
- 미국에서 반려 고양이가 배달 상자에 들어갔다가 10km 떨어진 곳에서 발견되었어요. ☐
- 고양이는 온라인 쇼핑몰 직원에게 발견되었어요. ☐

2. 다음 문장의 빈칸을 영어로 채워 보세요.
- A pet cat went into a ☐☐☐☐☐☐☐☐ box.
  반려 고양이가 배달 상자에 들어갔어요.
- It was ☐☐☐☐☐☐☐ed 1,000 km away.
  1,000km 떨어진 곳에서 발견되었어요.

3. 깊이 탐구해 보세요.
- 고양이가 상자 안에서 1,000km를 이동하게 된 과정을 고양이의 시점에서 상상하여 써 보세요.

_____

_____

단어 배우기

- delivery : 배달
- discover : 발견하다
- away : 떨어져, 떨어진 곳에
- owner : 주인
- return : 돌아오다
- employee : 직원
- travel : 여행하다

연계 교과 과정 | 4학년   5. Where Is My Cap?

Where is the cat?
It's in the box ②

 신문 읽기 전, 지식 챙기기

우리나라에서는 아직 반려동물에게 마이크로 칩을 이식하는 게 보편적이지 않지만, 영국에서는 반려 고양이에게 마이크로 칩을 이식하는 것을 의무화할 예정이라고 해요. 반려견의 경우에는 이미 인식 칩을 통해 동물 등록을 하도록 되어 있죠.

The box was not tightly packed. So it wasn't hard for the cat to breathe.

The weather wasn't too hot or too cold. So the cat could live easily.

The employee took the cat to the animal hospital.

There was a microchip inside the cat's body. With this chip, the cat was able to return to its owner.

상자가 꽉 포장되어 있지 않아서 고양이가 숨 쉬는 것도 힘들지 않았어요.

또 날씨는 너무 덥지도 춥지도 않았지요. 그래서 고양이는 문제없이 살 수 있었어요.

직원은 고양이를 동물병원으로 데려갔어요.

고양이 몸 안에는 마이크로 칩이 들어 있었는데, 이 칩으로 고양이는 주인에게 돌아갈 수 있었지요.

기사 더 알아보기

1. 맞으면 O, 틀리면 X를 쓰세요.
- 상자가 꽉 포장되어 있지 않아서 1,000km를 이동한 고양이는 문제없이 살 수 있었어요. ☐
- 고양이 몸 안의 마이크로 칩으로 고양이는 주인에게 돌아갈 수 있었어요. ☐

2. 다음 문장의 빈칸을 영어로 채워 보세요.
- The box was not tightly ☐☐☐☐ed.
  상자가 꽉 포장되어 있지 않았어요.
- The cat could live ☐☐☐☐☐☐.
  고양이는 문제없이 살 수 있었어요.

3. 깊이 탐구해 보세요.
- 택배 상자 안에서 먼 거리를 이동한 고양이가 어떻게 다시 주인의 품으로 돌아올 수 있었는지 정리하여 써 보세요.

_____

_____

단어 배우기

- tightly : 단단히
- pack : 포장하다
- breathe : 호흡하다
- easily : 쉽게, 문제없이
- microchip : 마이크로 칩

연계 교과 과정 | 5학년   2. What Do You Do on Weekends?

What do you do on weekends? Traveling with my pet ①

 신문 읽기 전, 지식 챙기기

2025년까지 예상되는 관광 트렌드를 조사한 결과 반려동물 동반 여행의 수요가 높은 것으로 나타났어요. 이에 반려동물 동반 여행 상품, 고가의 럭셔리 반려동물 상품, 반려동물 동반 여행 숙박 시설, 고속도로 휴게소 등 여행지에서의 반려견 관련 프로그램 등 반려동물과 함께 하는 관광 상품이 등장하고 있어요.

What do you do on weekends? People usually travel on weekends.

More and more people think of their pets as family members and many people want to travel with them.

But, there are some difficulties. So, many pet travel products are being developed.

주말에는 무엇을 하시나요? 사람들은 보통 주말에 여행을 가요.

반려동물을 가족처럼 생각하는 사람들이 점점 더 많아지고 있어요. 그래서 많은 사람들이 반려동물과 함께 여행을 가고 싶어 해요.

하지만 여기에는 어려움이 따라요. 그래서 반려동물과 함께하는 여행 상품도 많이 개발되고 있답니다.

기사 더 알아보기

1. 맞으면 O, 틀리면 X를 쓰세요.

- 반려동물과 함께 여행을 가려는 사람들이 많아요. ☐
- 반려동물과 함께하는 여행에는 큰 어려움이 없어요. ☐

2. 다음 문장의 빈칸을 영어로 채워 보세요.

- What do you do on ☐☐☐☐☐☐☐s?

  주말에는 무엇을 하시나요?

- Many pet ☐☐☐☐☐☐ products are being developed.

  반려동물과 함께하는 여행 상품도 많이 개발되고 있답니다.

3. 깊이 탐구해 보세요.

- 비행기 기내에 반려동물이 탑승하는 것에 대한 찬성과 반대 의견을 정리해 보세요.

반려동물 탑승 찬성	반려동물 탑승 반대

단어 배우기

- weekend : 주말
- usually : 보통
- difficulty : 어려움
- product : 상품

연계 교과 과정 | 5학년 2. What Do You Do on Weekends?

What do you do on weekends? Traveling with my pet ②

신문 읽기 전, 지식 챙기기

반려동물을 가족으로 여기는 펫팸족이 증가하고, 반려동물이 건강하고 행복한 삶을 살 수 있도록 아낌없이 투자하는 '펫 휴머니제이션' 시대가 다가오면서 반려동물을 고려하는 산업이 성장하고 있어요. 이를 반려동물 산업, 즉 '펫 이코노미'라고 해요. 펫 이코노미는 단순히 반려동물을 돌보는 것을 넘어 반려동물과 함께하는 삶의 질을 높이는 방향으로 발전하고 있어요.

"I took a trip to Jeju Island with my dog. I took a flight with my pet. I couldn't try it until now because my dog couldn't ride on the plane with me, but I'm happy now because I could travel to Jeju with him."

The interviewee, loved traveling with his pet very much.

Travel trends are changing with traveling with pets becoming more common.

"강아지와 함께 제주도로 여행을 떠났어요. 저는 반려견과 함께 비행기를 탔어요. 강아지가 같이 비행기를 탈 수 없어서 시도하지 못했는데, 함께 제주도 여행을 갈 수 있어서 기뻐요."

인터뷰를 한 그는 반려동물과 함께 여행하는 것을 무척 좋아했어요.

반려동물과 함께하는 여행이 보편화되면서 여행 트렌드도 변화하고 있어요.

기사 더 알아보기

1. 맞으면 O, 틀리면 X를 쓰세요.
- 기사 속 인터뷰 대상자는 반려견과 함께 하는 여행을 무척 좋아했어요. ☐
- 반려동물과 함께 여행을 가는 쪽으로 트렌드가 변화하고 있어요. ☐

2. 다음 문장의 빈칸을 영어로 채워 보세요.
- I took a ☐☐☐☐☐☐ with my pet.
  저는 반려견과 함께 비행기를 탔어요.
- Travel trends are changing with traveling with pets becoming more ☐☐☐☐☐☐.
  반려동물과 함께하는 여행이 보편화되면서 여행 트렌드도 변화하고 있어요.

3. 깊이 탐구해 보세요.
- 반려동물과 함께 하는 나만의 여행 상품을 개발해 보아요.

_____

_____

단어 배우기

- **trip** : 여행
- **flight** : 여행, 항공편
- **ride** : 타다
- **plane** : 비행기
- **interviewee** : 인터뷰 대상자
- **trend** : 트렌드, 추세
- **common** : 흔한

연계 교과 과정 | 4학년   6. What Time Is It?

It's time for lunch.
Best time to have lunch ①

 신문 읽기 전, 지식 챙기기

미국의 한 건강 포털에 따르면 아침 식사를 언제 했느냐에 따라 적당한 점심 식사 시간이 달라진다고 해요. 가장 이상적인 점심 식사 시간은 아침 식사를 하고 4~5시간 뒤라고 하지요. 건강을 위해 아침을 먹는 습관을 들이는 것이 중요하며, 간단하게 스크램블드에그, 과일 토핑을 얹은 요거트 등을 먹는 것만으로도 충분하다고 해요.

It is not easy to eat well three times a day.

The habit of eating breakfast is important for good health.

Research shows the best time to eat lunch is 4~5 hours after breakfast. This means that if you eat breakfast at 8 AM, 12~1 PM is the best time to eat lunch.

하루에 세 끼를 잘 챙겨 먹는 것은 쉽지 않아요.

그리고 아침을 먹는 습관은 건강에 중요하죠.

연구에 따르면 점심을 먹기에 가장 좋은 시간은 아침 식사 후 4~5시간이라고 해요. 즉, 오전 8시에 아침 식사를 한다면, 오후 12~1시가 점심을 먹기 가장 좋은 시간이에요.

기사 더 알아보기

1. 맞으면 O, 틀리면 X를 쓰세요.
- 아침을 먹는 습관은 건강에 중요해요. ☐
- 점심은 꼭 1시~2시에 먹는 것이 가장 좋아요. ☐

2. 다음 문장의 빈칸을 영어로 채워 보세요.
- The habit of eating ☐☐☐☐☐☐☐☐☐ is important for good health.
  아침을 먹는 습관은 건강에 중요해요.
- The best time to eat ☐☐☐☐☐ is 4~5 hours after breakfast.
  점심을 먹기에 가장 좋은 시간은 아침 식사 후 4~5시간이에요.

3. 깊이 탐구해 보세요.
- 나의 평소 아침, 점심, 저녁 식사 시간과 식사 습관을 돌아보고 써 보세요.

___

___

단어 배우기

- habit : 습관
- breakfast : 아침 식사
- important : 중요한
- health : 건강
- research : 연구
- show : 보여주다
- lunch : 점심
- hour : 시간
- mean : 의미하다

연계 교과 과정 | 4학년   6. What Time Is It?

It's time for lunch.
Best time to have lunch ②

신문 읽기 전, 지식 챙기기

직장인이나 학생이라면 점심시간이 정해져 있어 적당한 식사 시간을 맞추지 못할 수 있어요. 이럴 때는 점심 식사에 맞춰 아침 식사 시간을 정하거나 간단한 간식을 먹어 벌어진 간격으로 인한 영향을 줄이면 돼요. 특히 아침 식사를 고단백, 고섬유질, 좋은 지방을 갖춘 식단으로 구성하면 포만감이 오래 지속되어 식사 시간의 간격이 벌어져도 크게 배고프지 않고, 기운이 빠지는 것도 막을 수 있어요.

If you have a fixed lunch time, plan to have your breakfast 4~5 hours earlier.

Control your hunger with simple snacks, such as nuts or apples.

Dinner is also best served 4~5 hours after lunch.

It is good for your health to finish your last meal at least 3 hours before bed.

학생처럼 점심시간이 정해져 있는 경우에는, 아침 식사 시간을 점심 식사 4~5시간 전에 가져요.

견과류나 사과 등 간단한 간식으로 배고픔을 조절해 보세요.

그리고 저녁 식사는 점심 식사 후 4~5시간 후에 먹는 것이 가장 좋아요.

마지막 식사는 잠자리에 들기 3시간 전에 마치는 것이 건강에 좋답니다.

기사 더 알아보기

1. 맞으면 O, 틀리면 X를 쓰세요.
- 점심시간이 정해져 있는 학생들은 점심을 먹기 2~3시간 전에 아침을 먹는 편이 좋아요. ☐
- 마지막 식사는 잠자리에 들기 3시간 전에 마치는 것이 건강에 좋아요. ☐

2. 다음 문장의 빈칸을 영어로 채워 보세요.
- ☐☐☐☐☐☐☐ your hunger with simple snacks.

  간단한 간식으로 배고픔을 조절해 보세요.
- It is good for your health to ☐☐☐☐☐☐☐ your last ☐☐☐☐☐ at least 3 hours before bed.

  마지막 식사는 잠자리에 들기 3시간 전에 마치는 것이 건강에 좋아요.

3. 깊이 탐구해 보세요.
- 앞서 작성한 나의 식사 습관 중 잘하고 있는 점과 고칠 점을 써 보세요.

_____

_____

단어 배우기

- fix : 고정시키다
- early : 일찍
- control : 통제하다
- hunger : 배고픔
- simple : 간단한
- snack : 간식, 스낵
- such as : ~와 같은
- finish : 끝내다
- meal : 식사

연계 교과 과정 | 6학년　　1. What Grade Are You In?

The 12th best soccer player in the world Son Heungmin ①

신문 읽기 전, 지식 챙기기

영국 언론 〈GiveMeSport(기브미스포츠)〉는 2024년 현재 최고의 축구 선수를 발표했어요. 매체는 최근 1년간 활약을 바탕으로 득점, 영향력, 파급력 등을 고려해 순위를 매겼는데요. 손흥민이 최고의 선수 12위에 올랐어요.

　In 2024, a British sports magazine selected the Top 15 soccer players in the world. Son Heungmin ranked 12th.

　Among Asian players, Son Heungmin is the only one ranked in the Top 15. The magazine said Son Heungmin was one of the best strikers on the list.

　As the captain of Tottenham, Son is responsible for scoring many goals and assisting the team and has shown excellent leadership skills.

　영국의 한 스포츠 전문지가 선정한 2024년 세계 최고의 축구 선수 TOP 15에서 손흥민이 12위에 올랐어요.

　아시아 선수 중에서는 손흥민이 유일하게 TOP 15에 이름을 올렸답니다. 이 스포츠 전문지는 손흥민을 최고의 공격수 중 한 명으로 꼽았어요.

　손흥민은 토트넘의 주장으로서 많은 골을 넣고 팀에 도움을 주는 역할을 맡고 있으며 리더십도 뛰어난 선수예요.

사진: ©Korea.net/한국문화정보원/ Wikimedia Commons

기사 더 알아보기

1. 맞으면 O, 틀리면 X를 쓰세요.
- 영국의 한 스포츠 전문지에서 선정한 2024년 세계 최고의 축구 선수 TOP 15에 손흥민이 이름을 올렸어요. ☐
- 손흥민은 토트넘의 주장으로서 팀에 많은 도움이 되고 있어요. ☐

2. 다음 문장의 빈칸을 영어로 채워 보세요.
- Son Heungmin ☐☐☐☐ed 12th.
  손흥민이 12위에 올랐어요.
- Son Heungmin was one of the best ☐☐☐☐☐☐☐s.
  손흥민은 최고의 공격수 중 한 명이에요.

3. 깊이 탐구해 보세요.
- 손흥민 선수가 세운 기록, 업적 등을 조사해 보세요.

___

___

단어 배우기

- magazine : 잡지
- select : 선정하다
- rank : 순위를 매기다
- striker : 공격수
- list : 리스트
- captain : 주장
- responsible : 책임감 있는
- score : 득점, 득점하다
- assist : 돕다
- leadership : 리더십
- skill : 기술

연계 교과 과정 | 6학년   1. What Grade Are You In?

The 12th best soccer player in the world Son Heungmin ②

신문 읽기 전, 지식 챙기기

아시아 선수 중 유일하게 15위에 포함된 손흥민은 EPL 경기에 출전해 14골 8도움을 기록해 팀 내 가장 많은 득점과 도움을 책임지고 있어요. 한편 1위는 엘링 홀란, 2위는 리오넬 메시가 이름을 올렸어요. 그 뒤로 주드 벨링엄, 케빈 더 브라위너, 로드리, 킬리안 음바페 등이 차례로 이름을 올렸답니다.

He is tied for the 5th most goals scored in the club's history and is one of the top 5 strikers. In this ranking, Son Heungmin surpassed his idol, Ronaldo. Ronaldo ranked 13th.

Erling Haaland took top place overall. Haaland is achieving great results with his world-class skills.

Lionel Messi took second place.

손흥민은 클럽 역사상 공동 다섯 번째로 많은 골을 넣었으며 상위 5명의 스트라이커 중 한 명이에요. 이번 랭킹에서 손흥민은 자신의 우상인 호날두를 넘어섰어요. 호날두는 13위예요.

종합 1위는 엘링 홀란이 차지했어요. 엘링 홀란은 세계 최고의 기술로 성과를 내고 있어요.

리오넬 메시는 2위를 차지했어요.

 **기사 더 알아보기**

1. 맞으면 O, 틀리면 X를 쓰세요.
- 이번 랭킹에서는 리오넬 메시가 1위를 차지했어요. ☐
- 손흥민은 이번 랭킹에서 자신의 우상인 호날두를 넘어섰어요. ☐

2. 다음 문장의 빈칸을 영어로 채워 보세요.
- Son Heungmin ☐☐☐☐☐☐☐ed his idol.

  손흥민은 자신의 우상인 호날두를 넘어섰어요.
- Erling Haaland took ☐☐☐☐ ☐☐☐☐☐☐ overall.

  엘링 홀란이 종합 1위를 차지했어요.

3. 깊이 탐구해 보세요.
- 손흥민의 롤모델이자 우상은 호날두였는데요. 여러분의 인생에서의 롤모델은 누구인지 선택해 보고 그 사람을 롤모델로 꼽은 이유와 본받고 싶은 점을 써 보세요.

_____

_____

단어 배우기

- be tied for : 공동 ~위로 오르다
- most : 최대
- surpass : 뛰어넘다
- idol : 우상
- overall : 종합적으로
- achieve : 달성하다
- result : 결과
- second : 두 번째

연계 교과 과정 | 4학년　7. Is This Your Watch?

Is this your card? Finding the card owner for 300 won ①

신문 읽기 전, 지식 챙기기

신용 카드를 분실한 60대 남성이 여학생들의 기발한 아이디어 덕분에 카드를 찾을 수 있었어요. 학생들은 길거리에서 주운 신용 카드의 주인을 찾아주기 위해 인근 편의점을 찾아 300원짜리 막대 사탕을 해당 카드로 결제했어요. 그리고 편의점 직원에게 '길에서 주운 카드' 임을 설명하고 주인이 찾아오면 전달해달라고 부탁한 것이지요.

"Is this your card?"

Two high school girls in Jeju returned a lost card to its owners. The students picked up a credit card on the street. To return it, they bought 300 won lollipops with the card at a store.

Then, they left the card at the store. They also left a 300 won payment for the candy.

"이것이 당신 카드인가요?"

제주시의 두 여고생은 잃어버린 신용 카드를 주인에게 돌려주었어요. 학생들은 길에서 신용 카드를 주웠어요. 그리고 이를 돌려주기 위해 매장에서 막대 사탕 300원을 카드로 결제했어요.

그런 다음 그들은 잃어버린 카드를 상점에 맡겼답니다. 사탕값으로 300원도 남겼지요.

기사 더 알아보기

1. 맞으면 O, 틀리면 X를 쓰세요.
- 제주시의 두 여고생은 잃어버린 신용 카드를 주인에게 돌려주었어요. ☐
- 카드를 주인에게 돌려주기 위해 여고생들은 3,000원을 결제했어요. ☐

2. 다음 문장의 빈칸을 영어로 채워 보세요.
- Two high school girls in Jeju ☐☐☐☐☐☐ed a lost card to its owners.

  제주시의 두 여고생은 잃어버린 신용 카드를 주인에게 돌려주었어요.
- They ☐☐☐☐☐☐ 300 won lollipops with the card at a store.

  매장에서 막대 사탕 300원을 카드로 결제했어요.

3. 깊이 탐구해 보세요.
- 잃어버린 물건의 주인을 찾아 준 경험, 또는 잃어버린 물건을 누군가에게서 돌려받은 경험이 있다면 그때의 기분과 들었던 생각을 써 보세요.

단어 배우기

- **lost** : 길을 잃은, 분실된
- **credit** : 신용
- **street** : 거리
- **buy** : 사다 bought의 현재형
- **lollipop** : 막대 사탕
- **leave** : 남기다 left의 현재형
- **payment** : 지불

| 연계 교과 과정 | 4학년   7. Is This Your Watch?

Is this your card? Finding the card owner for 300 won ②

신문 읽기 전, 지식 챙기기

신용 카드를 되찾은 남성은 "어떤 물건을 습득하면 찾아주기보다 쓰레기통에 버리거나 방치하는 경우가 많지 않습니까"라며 "요즘 세대에 보기 드문 일이라서 감동이었어요. 꼭 고맙단 말을 전하고 싶습니다"라고 말했어요. 한편 학생들은 "우리의 작은 행동이 뉴스에까지 나오고 큰 이슈가 될 줄 몰랐어요"라며 "요즘 좋은 얘깃거리가 얼마나 없었으면 이런 일이 화제가 될까 싶었어요"라고 말했어요.

When paying with a credit card, payment details are sent to the card owner by text message.

The card owner found the card with the text message.

The Jeju Police Station gave an award to these two students.

The students said in an Interview, "I had no idea that our small action would become such a big issue" and "I hope that people can be thankful for every little thing".

신용 카드로 결제를 하면 결제 내역이 카드 소유자에게 문자 메시지로 전송되지요.

카드 주인은 문자 메시지를 통해 카드를 찾았어요.

제주 경찰서는 이 두 학생에게 상을 수여했어요.

인터뷰에 참여한 학생들은 "우리의 작은 행동이 이렇게 큰 이슈가 될 줄은 몰랐어요"라며 "사소한 것 하나하나에 사람들이 감사할 수 있었으면 좋겠어요"라고 말했어요.

기사 더 알아보기

1. 맞으면 O, 틀리면 X를 쓰세요.
- 300원 결제 내역 덕분에 카드 소유자는 카드를 찾을 수 있었어요. ☐
- 제주 경찰서는 두 학생에게 상을 수여했어요. ☐

2. 다음 문장의 빈칸을 영어로 채워 보세요.
- The card owner ☐☐☐☐☐ the card with the text message.
  카드 주인은 문자 메시지를 통해 카드를 찾았어요.
- I hope that people can be ☐☐☐☐☐☐☐☐ for every little thing.
  사소한 것 하나하나에 사람들이 감사할 수 있었으면 좋겠어요.

3. 깊이 탐구해 보세요.
- 학생의 인터뷰 중 사람들이 사소한 것 하나하나에 감사할 수 있었으면 좋겠다는 내용이 있었는데요. 감사한 마음을 가졌던 순간을 적어 보세요.

_____

_____

단어 배우기

- **detail** : 세부 사항, 사소한 부분
- **send** : 전송하다 sent의 현재형
- **text** : 글
- **find** : 발견하다 found의 현재형
- **award** : 상
- **interview** : 인터뷰
- **issue** : 이슈
- **thankful** : 감사하는

나는야 초등 뉴스왕
ELEMENTARY NEWS KING
뉴스 읽기 심화

연계 교과 과정 | 5학년 6. What Will You Do This Summer?

"I will travel by train on the moon."
Building a railroad on the moon ①

 **신문 읽기 전, 지식 챙기기**

미국국방고등연구계획국(DARPA)이 미국의 항공우주·방산 기업인 노스롭 그루먼(Northrop Grumman)에 달 철도 개발을 의뢰했다고 해요. 이는 달에서 장기간 거주하게 될 우주 비행사 지원을 위함이었는데요. 노스롭 그루먼은 달의 혹독한 환경을 피할 수 있는 기발한 아이디어를 제시할 예정이라고 해요.

"I will travel by train on the moon."

When we were young, we imagined this. But it may come true.

'Northrop Grumman' from the United States is taking the first steps into the project of building a railroad on the moon. If the lunar railway is built, it will be possible to carry people and goods on the moon.

Northrop Grumman plans to see if that plan is really possible.

"나는 달나라에서 기차 타고 여행할 거예요."

우리는 어렸을 때 이런 상상을 하곤 했지요. 그런데 이러한 상상이 현실이 될 수도 있을 것 같아요.

미국의 '노스롭 그루먼'이 달과 관련된 프로젝트의 첫발을 내딛었어요. 만약 달 철도가 완공되면 사람과 물건을 달에서 수송하는 것이 가능해져요.

노스롭 그루먼은 이것이 실현 가능한지 알아볼 계획이에요.

기사 더 알아보기

1. 맞으면 O, 틀리면 X를 쓰세요.
- 미국의 노스롭 그루먼은 달에 자동차 도로를 건설할 계획을 의뢰받았어요.　□
- 달 철도가 생기면 사람과 물건을 달에서 수송하는 것이 가능해져요.　□

2. 본문을 참고하여 다음 문장을 작성해 보세요.

_____

- 나는 달나라에서 기차 타고 여행할 거예요.

_____

- 사람과 물건을 달에서 수송하는 것이 가능해져요.

3. 깊이 탐구해 보세요.
- 만약 달 철도가 생긴다면 어떤 일이 벌어질지 상상해 보세요.

_____

_____

단어 배우기

- imagine : 상상하다
- railroad : 철로
- lunar : 달의
- build : 짓다 built의 현재형
- possible : 가능한
- goods : 물품, 물건

연계 교과 과정 | 5학년　6. What Will You Do This Summer?

"I will travel by train on the moon."
Building a railroad on the moon ②

신문 읽기 전, 지식 챙기기

러시아, 중국, 인도, 일본, 유럽 연합이 현재까지 달 표면에 무인 탐사선이나 탐사 로봇을 보내는 데 성공하였지만, 사람은 보내진 못했어요. 지금까지는 단순히 달에 도착하는 것이 목표였다면, 이제는 달의 이점을 누릴 수 있는 기술 개발이 핵심이에요. 달이 화성으로 가는 디딤돌 역할을 할 수 있으며 희귀 자원들이 매장되어 있어요. 앞으로도 각국의 우주 경쟁은 계속될 예정이랍니다.

　Nowadays, many countries are exploring the moon. They plan to send humans to the moon in the future. To do this, they need to provide power, communication, and transportation. So, many facilities are needed on the moon.

　Although it's only the beginning, one day we will live and travel by train on the moon, just like on Earth.

　현재 많은 나라들이 달 탐사에 나서고 있어요. 이들 국가는 미래에 인간을 달에 보낼 계획이랍니다. 그러기 위해서는 달에 전력과 통신, 교통수단을 제공해야 해요. 그래서 달에는 많은 시설이 필요하죠.

　비록 아직은 시작일 뿐이지만 언젠가 우리는 달에서도 기차를 타고 여행하며 살게 될 거예요. 지구에서와 마찬가지로요.

기사 더 알아보기

1. 맞으면 O, 틀리면 X를 쓰세요.

- 많은 나라들이 달 탐사에 나서고 있어요.　　　　　　　　　☐
- 달은 인간이 살기에 적합해 필요한 시설들이 거의 없어요.　☐

2. 본문을 참고하여 다음 문장을 작성해 보세요.

_____

- 그들은 미래에 인간을 달에 보낼 계획이랍니다.

_____

- 언젠가 우리는 달에서도 기차를 타고 여행하며 살게 될 거예요.

3. 깊이 탐구해 보세요.

- 많은 나라들이 달 탐사에 나서고 있는 이유는 무엇일까요? 우리나라도 다른 나라들처럼 활발한 달 연구 및 탐사가 이뤄지려면 어떻게 하면 좋을지 써 보세요.

_____

_____

단어 배우기

- explore : 탐사하다
- provide : 제공하다
- communication : 통신
- transportation : 수송
- facility : 시설

연계 교과 과정 | 5학년 10. What a Nice House!

What a beautiful palace! The Palace of Versailles ①

신문 읽기 전, 지식 챙기기

루이 14세는 '태양왕'이라고 불릴 정도로 강한 권력을 가지고 있었어요. 그는 자신의 권력을 과시하고자 베르사유 궁전을 크고 화려하게 지었답니다. 그러면서 자연스레 베르사유는 정치, 문화, 사교의 중심지가 되었어요.

The Palace of Versailles is a royal palace in Versailles, France. It is the largest and most beautiful palace in Europe. Louis XIV wanted to show his power, so he built the large and great Palace of Versailles.

There are hundreds of rooms in the palace. There is a royal chapel on the first floor. This room is richly decorated with white marble, murals, and gold.

베르사유 궁전은 프랑스 베르사유에 있는 왕궁이에요. 이곳은 유럽에서 가장 크고 아름다운 궁전이에요. 루이 14세는 자신의 힘을 과시하기 위해 크고 거대한 베르사유 궁전을 지었어요.

궁전에는 수백 개가 넘는 방이 있답니다. 1층에는 왕실 예배당이 있어요. 이 객실은 흰색 대리석, 벽화, 금으로 화려하게 장식되어 있어요.

기사 더 알아보기

1. 맞으면 O, 틀리면 X를 쓰세요.
- 베르사유 궁전은 유럽에서 가장 크고 아름다운 궁전이에요. ☐
- 1층 왕실 예배당은 단순하고 소박하게 꾸며져 있어요. ☐

2. 본문을 참고하여 다음 문장을 작성해 보세요.

_____

- 베르사유 궁전은 프랑스 베르사유에 있는 왕궁이에요.

_____

- 궁전에는 수백 개가 넘는 방이 있답니다.

3. 깊이 탐구해 보세요.
- 베르사유 궁전에 대한 역사적 배경과 구조를 조사해 보세요.

_____

_____

단어 배우기

• royal : 국왕의	• palace : 궁전	• hundreds of : 수백의
• chapel : 예배당	• floor : 층	• richly : 호화롭게
• marble : 대리석	• mural : 벽화	

연계 교과 과정 | 5학년　10. What a Nice House!

What a beautiful palace! The Palace of Versailles ②

 **신문 읽기 전, 지식 챙기기**

베르사유 궁전은 6만 3,154㎡의 면적에 2,300여 개의 방이 있어요. 광대하고 아름답기로 유명하며, 1979년에는 유네스코 세계문화유산으로 지정되었어요. 하지만 베르사유 궁전을 짓기 위해 국민들의 어마어마한 돈과 시간, 노력이 투입되었답니다.

On the second floor, there is an opera house decorated in gold. The Venus room has a statue of Louis XIV.

There is also the most famous room, 'The Hall of Mirrors' on the second floor. There are 357 mirrors on the walls and many gorgeous crystal chandeliers. Many formal events were held in this room.

There is a large garden behind the palace. The garden is beautiful and is a good place for a walk.

2층에는 금으로 장식된 오페라 극장이 있어요. 비너스의 방에는 루이 14세의 동상이 있답니다.

또한, 2층에는 이 궁전에서 가장 유명한 '거울의 방'도 있어요. 이 방에는 벽에 357개의 거울이 있고 멋진 크리스탈 샹들리에가 많이 있어요. 많은 공식적인 행사들이 이곳에서 열렸지요.

궁전 뒤로는 넓은 정원이 있는데요. 정원 역시 넓고 아름다워서 산책하기 좋답니다.

기사 더 알아보기

1. 맞으면 O, 틀리면 X를 쓰세요.

- 이 궁전에서 가장 유명한 곳은 '거울의 방'이에요. ☐
- 건물 밖 정원 역시 아름답고 넓어 산책하기 좋아요. ☐

2. 본문을 참고하여 다음 문장을 작성해 보세요.

_____

- 또한, 2층에는 이 궁전에서 가장 유명한 '거울의 방'도 있어요.

_____

- 궁전 뒤로는 넓은 정원이 있어요.

3. 깊이 탐구해 보세요.

- 루이 14세는 매우 사치스러운 왕으로 유명한데요. 이를 비판하는 글을 논리적으로 써 보세요.

_____

_____

단어 배우기

• statue : 조각상	• also : 또한	• famous : 유명한
• mirror : 거울	• gorgeous : 아주 멋진	• crystal : 크리스탈
• chandelier : 샹들리에	• formal : 공식적인	• garden : 정원
• behind : ~뒤에		

연계 교과 과정 | 4학년   8. I'm a Pilot

Introducing doctor boxer Seo Ryeokyung ①

신문 읽기 전, 지식 챙기기

순천향대학교 소아청소년과 전문의로 신생아 중환자실에서 근무하는 서려경 교수의 또 다른 직업은 복싱 선수예요. 2019년에 스트레스를 해소하고 체력을 키우기 위해 복싱을 시작한 서려경 교수는 현재까지도 본업인 의사로서의 업무와 복싱 선수로서의 시합 모두 훌륭하게 해내고 있어요.

Introducing doctor boxer Seo Ryeokyung.

During the day, she is a warm and gentle doctor. She takes care of patients at the hospital. After work, she becomes a boxer. She competes in boxing and sparring.

She started boxing in 2019 to relieve stress. She debuted as a professional in 2020.

의사 복서 서려경을 소개해요.

낮 동안 그녀는 따뜻하고 온화한 의사예요. 병원에서 환자를 돌보지요. 퇴근 후에 그녀는 복서가 돼요. 복싱 스파링에서 결투를 하지요

그녀는 스트레스를 풀기 위해 2019년에 복싱을 시작했어요. 2020년에는 프로 선수로 데뷔했답니다.

기사 더 알아보기

1. 맞으면 O, 틀리면 X를 쓰세요.

- 서려경은 의사이자 복싱 선수로 두 가지 직업을 갖고 있어요. ☐
- 서려경은 2015년부터 복싱 선수였어요. ☐

2. 본문을 참고하여 다음 문장을 작성해 보세요.

_____

- 낮 동안 그녀는 따뜻하고 온화한 의사예요.

_____

- 퇴근 후에 그녀는 복서가 돼요.

3. 깊이 탐구해 보세요.

- 우리는 하나의 직업에 집중하며 능력을 쌓을 수도 있고 다양한 분야에 여러 직접을 동시에 가질 수도 있어요. 여러분은 한 번에 두 가지 직업을 가지는 것에 찬성하는지 혹은 반대하는지 의견을 써 보세요.

_____

_____

단어 배우기

- introduce : 소개하다
- boxer : 복싱 선수
- during : ~하는 동안
- patient : 환자
- compete : 경쟁하다
- relieve : 없애 주다, 완화하다
- stress : 스트레스
- debut : 데뷔
- professional : 직업의, 프로

연계 교과 과정 | 4학년 8. I'm a Pilot

Introducing doctor boxer Seo Ryeokyung ②

신문 읽기 전, 지식 챙기기

서려경 교수는 2020년 11월 프로 데뷔전을 승리로 장식하면서 큰 주목을 받았어요. 2023년 임찬미 선수를 8라운드 38초 만에 TKO로 꺾고 2023년 프로 복싱 여자 라이트 플라이급 한국 챔피언에 등극했어요. 2024년 4월 기준 그녀의 성적은 9전 7승 2무예요. 정해진 목표를 향해 나아가는 그녀의 최종 목표는 세계 챔피언이랍니다.

Seo Ryeokyung became the Korean women's champion. She has never been defeated. Her record is 7 wins and 2 draw in 9 fights.

"It's hard to be a doctor and a boxer. But, I just do my best with the choices I make and take responsibility for them. As a doctor, I live day to day, and as a boxer, I work very hard to become a champion, without regret."

서려경이 한국 여자 챔피언이 되었어요. 그녀는 지금까지 한 번도 패배한 적이 없어요. 그녀의 통산 전적은 9전 7승 2무예요.

"의사와 복싱 선수가 되는 것은 어렵습니다. 하지만 저는 제가 선택한 것에 최선을 다하고 그에 대한 책임을 집니다. 저는 의사로서 하루하루를 살아가고 있고, 복서로서 세계 챔피언이 되기 위해 열심히 노력하고 있어요. 후회는 없어요."

기사 더 알아보기

1. 맞으면 O, 틀리면 X를 쓰세요.
- 서려경은 2024년 4월 기준 9전 7승 2패예요. ☐
- 그녀는 의사와 복싱 선수 두 직업에 최선을 다하기 위해 노력하고 있어요. ☐

2. 본문을 참고하여 다음 문장을 작성해 보세요.

_____
- 서려경이 한국 여자 챔피언이 되었어요.

_____
- 저는 제가 선택한 것에 최선을 다해요.

3. 깊이 탐구해 보세요.
- 서려경은 의사이지만 복서로서 세계 챔피언의 꿈을 이루기 위해 도전하고 있는데요. 내가 도전하고 싶은 것과 그 이유, 이를 이루기 위한 계획을 써 보세요.

_____

_____

단어 배우기

• champion : 챔피언	• defeat : 패배시키다	• record : 기록
• draw : 무승부	• fight : 싸움	• do one's best : 최선을 다하다
• choice : 선택	• responsibility : 책임	• without : ~없이
• regret : 후회		

연계 교과 과정 | 5학년 8. How Much Are The Shoes?

How much is the shirt of 'fast fashion'? ①

신문 읽기 전, 지식 챙기기

프랑스에서는 환경 오염을 일으키는 '패스트 패션' 소비를 줄이기 위한 법안을 만들기로 했어요. 패스트 패션은 최신 유행을 즉각 반영해 패스트푸드처럼 빠르게 공급, 소비하는 의류 산업을 말해요. 법안의 핵심 내용은 저렴한 의류에 대한 환경 부담금을 부과하는 것과 저가 의류 판매 광고의 금지예요.

'Fast fashion' sells trendy products at low prices. Product rotation is fast. Fast fashion makes people buy and throw clothes away easily. It pollutes the environment.

France is planning to make a fast fashion law. This law will charge an environmental fee to fast fashion brands.

'패스트 패션'은 유행하는 제품을 저렴한 가격에 판매해요. 그리고 제품 회전이 빠르답니다. 그래서 패스트 패션은 사람들이 옷을 쉽게 사고, 쉽게 버릴 수 있게 만드는데요. 이것은 환경을 오염시켜요.

프랑스는 패스트 패션에 관한 법률을 제정할 예정이에요. 이 법은 패스트 패션 브랜드에 환경 부담금을 부과하는 내용이랍니다.

기사 더 알아보기

1. 맞으면 O, 틀리면 X를 쓰세요.
- 패스트 패션 제품은 가격이 저렴하여 옷을 쉽게 사고 쉽게 버리게 해요. ☐
- 패스트 패션은 환경을 보호하는 데 도움을 줘요. ☐

2. 본문을 참고하여 다음 문장을 작성해 보세요.

_____

- 이것은 환경을 오염시켜요.

_____

- 프랑스는 패스트 패션에 관한 법률을 제정할 예정이에요.

3. 깊이 탐구해 보세요.
- 패스트 패션으로 버려지는 옷이 늘어나 심각한 환경 문제를 일으키고 있어요. 내가 돈이나 물건을 낭비한 경험이 있다면 써 보세요.

_____

_____

단어 배우기

- fashion : 유행하는 스타일, 패션
- sell : 팔다
- trendy : 최신 유행의
- rotation : 회전
- throw away : 버리다
- pollute : 오염시키다
- environment : 환경
- law : 법
- charge : 요금을 청구하다
- fee : 수수료, 요금

연계 교과 과정 | 5학년   8. How Much Are The Shoes?

How much is the shirt of 'fast fashion'? ②

신문 읽기 전, 지식 챙기기

섬유 산업은 온실가스 배출의 10%를 차지하는 데다가 물의 주요 오염 원인이에요. 중국의 한 패스트 패션 업체는 매일 7,200개의 새 의류 아이템을 생산하고 있다고 해요. SPA 브랜드(기획, 생산, 유통, 판매 모두 직접 관리하는 브랜드. 소비자의 성향과 트렌드에 맞춰 패스트 패션을 이끌어 나간다)도 환경 오염의 원인이 돼요. 환경 부담금은 지속 가능한 옷을 생산하는 업체들을 도와주는 데 사용될 예정이라고 해요.

With this law, when people buy clothes of SPA brands, they will have to pay a 5 euro tax. These brands won't even be allowed to advertise.

This law limits the excessive high-speed fashion.

France is the first country in the world to make a law limiting fast fashion.

France plans to double the tax to 10 euros in five years.

이 법에 따르면 SPA 브랜드의 의류를 구매할 때 환경 부담금으로 5유로의 세금을 납부해야 돼요. 이 브랜드들은 광고도 할 수 없답니다.

이 법은 과도한 패스트 패션을 제한해요.

프랑스는 패스트 패션을 제한하는 법을 제정한 세계 최초의 국가예요.

프랑스는 5년 안에 세금을 10유로로 두 배 늘릴 계획이에요.

기사 더 알아보기

1. 맞으면 O, 틀리면 X를 쓰세요.
- 프랑스에서는 패스트 패션 의류를 구매할 때 환경 부담금으로 10유로를 내야 해요. ☐
- 프랑스는 패스트 패션을 제한하는 법을 만든 최초의 국가예요. ☐

2. 본문을 참고하여 다음 문장을 작성해 보세요.

_____

- 그들은 5유로의 세금을 납부해야 돼요.

_____

- 이 브랜드들은 광고도 할 수 없답니다.

3. 깊이 탐구해 보세요.
- 옷으로 인한 환경 오염을 줄이기 위해 우리는 어떤 행동을 할 수 있을지 써 보세요.

_____

_____

단어 배우기

- clothes : 옷
- pay : 지불하다
- tax : 세금
- allow : 허락하다
- advertise : 광고하다
- limit : 제한하다
- excessive : 과도한

연계 교과 과정 | 4학년   2. Let's Play Soccer

Let's reduce food waste.
Too much food waste ①

신문 읽기 전, 지식 챙기기

유엔환경계획(UNEP)이 발표한 〈음식물 쓰레기 지수 보고서〉에는 2022년 기준 전 세계 인구 8억 명이 굶주리고 있는 가운데 매일 1조 달러 가치의 음식물이 버려진다고 해요. 이는 우리 돈으로 약 1,350조 3,000억 원이고 음식물 무게로 계산해보면 10억 톤 이상이에요. 매일 10억 끼를 만들 수 있는 엄청난 양이지요.

800 **million** people around the world are **starv**ing.

But, over 1 **billion** tons of food waste is **generate**d every day.

Every day, $1 **trillion** worth of food is thrown away.

This is **enough** to **provide** 1 billion meals every day.

That's a very large **amount**.

전 세계적으로 8억 명이 굶주리고 있어요.

그러나 매일 발생하는 음식물 쓰레기의 양은 10억 톤이 넘어요.

매일 1조 달러 상당의 음식이 버려지고 있지요.

이는 매일 10억 끼의 식사를 제공하기에 충분한 양이에요.

그것은 매우 큰 금액이죠.

기사 더 알아보기

1. 맞으면 O, 틀리면 X를 쓰세요.

- 매일 발생하는 음식물 쓰레기의 양은 10억 톤이 안 돼요. ☐
- 전 세계적으로 많은 사람들이 굶주리고 있어요. ☐

2. 본문을 참고하여 다음 문장을 작성해 보세요.

_____

- 전 세계적으로 8억 명이 굶주리고 있어요.

_____

- 매일 1조 달러 상당의 음식이 버려지고 있지요.

3. 깊이 탐구해 보세요.

- 음식물 쓰레기가 지구 환경에 미치는 영향을 조사하여 써 보세요. 그리고 나의 식습관을 돌아보고 고칠 점이 있으면 써 보세요.

_____

_____

단어 배우기

- million : 100만
- starve : 굶주리다
- billion : 10억
- generate : 발생시키다
- trillion : 1조
- enough : 충분한
- provide : 제공하다
- amount : 총액

연계 교과 과정 | 4학년   2. Let's Play Soccer

Let's reduce food waste.
Too much food waste ②

신문 읽기 전, 지식 챙기기

보고서에 따르면 음식물이 버려지는 장소는 가정이 60%로 가장 많았으며, 호텔·식당 등 서비스 업소 28%, 정육점·식료품점 등 소매 업소 12% 등이 뒤를 이었다고 해요. 또한, 유엔은 음식물 낭비가 온실가스 배출 등에도 심각한 영향을 미친다고 밝혔는데요. 보고서는 "온실가스 배출량 가운데 최대 10%를 차지하는 것도 음식물 쓰레기"라고 지적했어요.

Most food waste is created at home.

Why do we throw away so much food at home?

We buy more food than our family can eat.

Many people throw food away without eating it.

Food waste is bad for the environment, too.

Let's reduce food waste to help the environment.

상당량의 음식물 쓰레기는 가정에서 버려지고 있어요.

우리는 왜 집에서 그토록 많은 음식을 버리는 걸까요?

왜냐하면 각 가족이 먹는 것보다 더 많은 음식을 구입하기 때문이에요.

많은 사람들이 다 먹지도 않고 버려요.

음식물 쓰레기는 환경에 좋지 않아요.

환경을 위해 음식물 쓰레기를 줄이도록 해요.

기사 더 알아보기

1. 맞으면 O, 틀리면 X를 쓰세요.

- 음식물 쓰레기를 가장 많이 버리는 곳은 식당이에요. ☐
- 가정에서는 가족이 실제로 먹는 것보다 더 많은 음식을 구입해서 음식물 쓰레기가 많이 생겨요. ☐

2. 본문을 참고하여 다음 문장을 작성해 보세요.

_____

- 상당량의 음식물 쓰레기는 가정에서 버려지고 있어요.

_____

- 환경을 위해 음식물 쓰레기를 줄이도록 해요.

3. 깊이 탐구해 보세요.

- 가정에서 음식물 쓰레기를 줄일 수 있는 방법이 무엇이 있을지 생각해 보세요.

_____

_____

단어 배우기

- food waste : 음식물 쓰레기
- create : 창조하다
- reduce : 줄이다

연계 교과 과정 | 6학년   7. How Often Do You Eat Breakfast?

How often do you use the KakaoTalk application? ①

 **신문 읽기 전, 지식 챙기기**

2023년에 한국인이 월평균 카카오톡 애플리케이션을 754억 회 열어본 것으로 나타났어요. 30일을 한 달로 가정하면 1초당 2만 9,000번 사용한 셈이에요. 경쟁자인 다른 메신저 애플리케이션에 비해 압도적인 횟수예요.

The KakaoTalk application was the most used application by Koreans last year. KakaoTalk is a messenger application. So, people use it often. KakaoTalk is widely used by all generations.

A survey showed Koreans used KakaoTalk an average of 75.4 billion times a month. That is about 29,000 times a second.

카카오톡은 지난해 한국인이 가장 많이 사용한 애플리케이션이에요. 카카오톡은 메신저 애플리케이션이에요. 그래서 사람들이 자주 이용하지요. 카카오톡은 전 세대가 폭넓게 사용하고 있어요.

조사에 따르면 한국인은 월평균 754억 번 카카오톡을 사용하는 것으로 나타났어요. 카카오톡 애플리케이션이 초당 약 2만 9,000번 열렸다는 뜻이죠.

기사 더 알아보기

1. 맞으면 O, 틀리면 X를 쓰세요.

- 한국인들이 가장 많이 사용하는 애플리케이션은 카카오톡이에요. ☐
- 한국인들은 평균적으로 카카오톡 애플리케이션을 시간당 약 2만 9,000번 열었다고 해요. ☐

2. 본문을 참고하여 다음 문장을 작성해 보세요.

_____

- 카카오톡은 지난해 한국인이 가장 많이 사용한 애플리케이션이에요.

_____

- 카카오톡은 전 세대가 폭넓게 사용하고 있어요.

3. 깊이 탐구해 보세요.

- 초등학생들에게 카카오톡 애플리케이션은 유익한가요? 자신의 생각을 근거와 함께 써 보세요.

_____

_____

단어 배우기

- application : 애플리케이션(앱)
- messenger : 전달자(메신저)
- use : 사용하다
- often : 자주
- widely : 폭넓게
- generation : 세대
- survey : 조사
- average : 평균의
- month : 달(개월)

연계 교과 과정 | 6학년   7. How Often Do You Eat Breakfast?

How often do you use the KakaoTalk application? ②

신문 읽기 전, 지식 챙기기

2023년에 한국인이 가장 오래 사용한 애플리케이션은 유튜브예요. 한국인의 월평균 유튜브 사용 시간은 998억 분에 달했어요. 전년 대비 무려 101억 분이 증가하며 압도적인 1위를 차지했어요. 한편 2023년에는 중국계 쇼핑 애플리케이션의 사용자가 가장 많이 늘어났어요.

When Korean people buy things, online the most used application is Naver. But, the number one payment application differs by generation.

Naver is the second most used application. It was used 14.5 billion times a month.

YouTube was used 13.1 billion times a month. The total usage time of YouTube is longer than KakaoTalk.

한국 사람들이 물건을 살 때 가장 많이 사용하는 애플리케이션은 네이버예요. 하지만 세대별로 가장 많이 사용하는 결제 애플리케이션은 달라요.

네이버는 두 번째로 많이 사용되는 애플리케이션이에요. 한 달에 145억 번 사용되었어요.

유튜브는 한 달에 131억 번 이용되었는데요. 유튜브는 카카오톡보다 총 이용 시간이 더 길어요.

기사 더 알아보기

1. 맞으면 O, 틀리면 X를 쓰세요.

- 2023년에 한국인들이 두 번째로 오래 사용한 애플리케이션은 유튜브에요. ☐
- 유튜브는 카카오톡보다 한국인들이 이용하는 횟수가 적지만, 이용 시간은 더 길어요. ☐

2. 본문을 참고하여 다음 문장을 작성해 보세요.

_____

- 네이버는 두 번째로 많이 사용되는 애플리케이션이에요.

_____

- 유튜브는 카카오톡보다 총 이용 시간이 더 길어요.

3. 깊이 탐구해 보세요.

- 내가 제일 오랜 시간 사용하는 애플리케이션은 무엇인가요? 어떨 때 주로 많이 사용하는지 써 보세요.

_____

_____

단어 배우기

- online : 온라인의
- differ : 다르다
- total : 총, 합계
- usage : 사용
- longer : 더 긴

연계 교과 과정 | 5학년   3. May I Sit Here?

May I help you? Small good deeds make great happiness ①

신문 읽기 전, 지식 챙기기

지난 4월, 경기 안산시의 도로에서 어르신 한 분이 끌고 가던 수레가 넘어지고 말았어요. 이때 지나가던 관산초 5학년 학생 4명이 어르신을 도와주었답니다. 표창장을 받게 된 학생들은 이렇게 말했어요. "여러분도 주변에 도움이 필요한 사람이 있다면 그냥 지나치지 말고 다가가 보세요. 분명히 도움을 나눴음에도 자신이 더 행복해지는 경험을 하게 될 거예요."

"May I help you?"

In Ansan, an old man was pulling a cart. but the cart fell over and the waste paper in the cart fell out. At that moment, elementary school students were passing by. They helped the old man. The students straightened the cart and cleaned up the spilled paper. They pulled the cart from behind for about 20 minutes so that the old man would not be tired.

This news reached City Hall and they received an award.

"도와드릴까요?"

안산에서 한 할아버지가 수레를 끌던 중 수레가 넘어지면서 수레에 있던 폐지가 떨어지는 일이 일어났어요. 그때 마침 초등학생들이 그 옆을 지나고 있었고, 그들은 노인을 도왔어요. 학생들은 카트를 바로 세우고 흘린 종이를 청소했어요. 그들은 노인이 피곤하지 않도록 뒤에서 20분 정도 뒤에서 수레를 끌었지요.

이 소식이 시청에 전해졌고, 학생들은 상을 받았답니다.

기사 더 알아보기

1. 맞으면 O, 틀리면 X를 쓰세요.
- 안산에서 초등학생들이 폐지를 나르던 노인을 도와주었어요. ☐
- 학생들은 자발적으로 노인을 도와 폐지를 청소했어요. ☐

2. 본문을 참고하여 다음 문장을 작성해 보세요.

_____
- 그들은 노인을 도왔어요.

_____
- 학생들은 카트를 바로 세우고 흘린 폐지를 청소했어요.

3. 깊이 탐구해 보세요.
- 기사 속의 초등학생들처럼 내가 남에게 베풀었던 선행은 무엇이 있는지 써 보세요.

_____

_____

단어 배우기

- pull : 끌다
- cart : 수레, 카트
- moment : 순간
- pass by : ~옆을 지나가다
- straighten : 똑바르게 되다
- spill : 흐르다

연계 교과 과정 | 5학년   3. May I Sit Here?

May I help you? Small good deeds make great happiness ②

신문 읽기 전, 지식 챙기기

광주에서 롤케이크 전문점을 운영하는 한 시민이 케이크 상자를 차에 옮기고 있었어요. 비가 내리고 있었지만 짐을 옮기느라 몸이 젖을 수밖에 없었는데요. 이 모습을 본 한 어린이가 시민에게 우산을 씌워 주었어요. 아이의 선행에 감동을 받은 시민은 이 소식을 자신의 SNS에 공개하여 많은 사람들에게 감동을 주었어요.

In Gwangju, one man was moving cake boxes to his car. He ran a cake shop. It was raining at the time. He couldn't use an umbrella. So, he got caught in the rain.

At that time, a child saw this and hold an umbrella for him. The man posted this on social media and the news touched many people. This child received an award.

Small good deeds make great happiness.

광주에서는 한 남성이 케이크 상자를 자동차로 옮기고 있었어요. 그는 케이크 가게를 운영했지요. 당시에는 비가 내리고 있었는데 그는 우산을 사용할 수 없었어요. 그래서 그는 케이크 상자들을 옮기면서 비를 맞았지요.

그때 한 아이가 이를 보고 우산을 씌워 주었어요. 해당 남성은 이를 소셜 미디어에 올렸고, 이 소식은 많은 사람들에게 감동을 안겼어요. 이 아이는 자랑스러운 학생으로 상을 받았지요.

작은 선행이 큰 행복을 만들어요.

기사 더 알아보기

1. 맞으면 O, 틀리면 X를 쓰세요.
- 광주에서 한 아이가 비를 맞으며 케이크를 옮기는 아저씨에게 우산을 씌워 주었어요. ☐
- 작은 선행은 사람들에게 아무런 의미도 없어요. ☐

2. 본문을 참고하여 다음 문장을 작성해 보세요.

_____
- 한 아이가 이를 보고 그를 위해 우산을 씌워 주었어요.

_____
- 작은 선행이 큰 행복을 만들어요.

3. 깊이 탐구해 보세요.
- '작은 선행이 큰 행복을 만든다'라는 말의 의미를 해석해 보고 관련된 나의 경험 또는 생각을 써 보세요.

_____

_____

단어 배우기

• umbrella : 우산	• get caught : 잡히다	• at that time : 그 때에
• hold : 들고 있다	• post : 게시하다	• social media : 소셜 미디어
• touch : 감동시키다	• deed : 행동	

연계 교과 과정 | 5학년 7. I Visted My Uncle in Jeju-do

Finding dinosaur bone fossils on vacation ①

신문 읽기 전, 지식 챙기기

2022년, 미국 노스다코타주의 매머드 고생물 유적지를 답사하던 소년 3명이 발견한 공룡 화석이 6,700만 년 전 살았던 티라노사우루스 렉스의 화석인 것으로 확인되었어요. 어린이들을 포함한 박물관 관계자들은 함께 발굴 작업에 들어갔답니다.

"It was an amazing vacation."
Three children in the U. S. found dinosaur bone fossils on vacation. The kids loved dinosaurs, so they visited a historical site during vacation. Many dinosaur fossils have been discovered there.

The children searched the area, just like a scholar studying dinosaurs. Then, they saw a bone sticking out of the ground.

"정말 놀라운 방학이었어요."
미국에서 세 명의 아이들이 방학 중 공룡 뼈 화석을 발견했어요.
아이들은 평소 공룡을 좋아해서 유적지를 방문했지요. 그곳은 공룡 화석이 많이 발견된 곳이에요.
아이들은 이곳저곳을 찾아다녔어요. 마치 공룡을 연구하는 학자처럼요. 그러던 중 땅 위에 튀어나온 뼈를 보게 되었어요.

기사 더 알아보기

1. 맞으면 O, 틀리면 X를 쓰세요.

- 기사 속 세 명의 아이들은 방학 중 공룡 뼈 화석을 발견했어요. ☐
- 공룡 뼈 화석을 발견한 곳은 많은 공룡 화석이 발견된 곳이에요. ☐

2. 본문을 참고하여 다음 문장을 작성해 보세요.

_____

- 정말 놀라운 방학이었어요.

_____

- 미국에서 세 명의 아이들이 방학 중 공룡 뼈 화석을 발견했어요.

3. 깊이 탐구해 보세요.

- 방학 중 가장 기억에 남았던 일은 무엇이었나요? 한 일을 자세히 써 보세요.

_____

_____

단어 배우기

• amazing : 놀라운	• vacation : 방학	• dinosaur : 공룡
• bone : 뼈	• fossil : 화석	• visit : 방문하다
• historical : 역사적인	• site : 장소	• search : 찾아보다
• area : 지역	• scholar : 학자	• stick out : (툭) 튀어나오다

연계 교과 과정 | 5학년   7. I Visted My Uncle in Jeju-do

Finding dinosaur bone fossils on vacation ②

신문 읽기 전, 지식 챙기기

소년들이 발견한 화석은 공룡 중 가장 인기 있는 종으로 꼽히는 티라노사우루스 렉스로 현재까지 100여 개체만 발견됐을 정도로 공룡들 중에서도 극히 드물게 발견된답니다. 현재까지 다리, 엉덩이, 골반, 꼬리뼈 두 개, 두개골 일부가 발견되었고, 티렉스 화석을 완전히 발굴하는 데에는 약 1년이 걸릴 것으로 추정하고 있어요. 곧 관련 전시회도 열린다고 해요.

It was a bone of a dinosaur. The fossil was the lower jaw of a Tyrannosaurus rex from about 67 million years ago.

Fossils of T. rex are extremely rare. There are not many T. rex fossils in good condition throughout the world.

The children said in an interview, "Our favorite dinosaur is T Rex, and we were so surprised when we found his fossil ourselves, We even gave this fossil the nickname 'Brother'.

그것은 공룡의 뼈였어요. 그 화석은 약 6,700만 년 전 공룡인 티라노사우르스 렉스의 아래턱이었어요.

T. rex(티라노사우루스 렉스)의 화석은 극히 드물어요. 전 세계적으로 좋은 상태의 티렉스 화석은 많지 않아요.

아이들은 인터뷰에서 "우리가 가장 좋아하는 공룡은 티라노사우루스인데, 이 공룡 화석을 우리가 직접 발견하고 너무 놀랐어요"라며 "우리는 이 화석에 '형제'라는 별명까지 붙였어요"라고 말했어요.

기사 더 알아보기

1. 맞으면 O, 틀리면 X를 쓰세요.

- 아이들이 발견한 뼈 화석은 스테고사우루스의 뼈였어요. ☐
- 아이들은 화석에 별명까지 붙이며 좋아했어요. ☐

2. 본문을 참고하여 다음 문장을 작성해 보세요.

_____

- 그것은 공룡의 뼈였어요.

_____

- T. rex(티라노사우르스 렉스)의 화석은 극히 드물어요.

3. 깊이 탐구해 보세요.

- 돌아오는 방학 때 가장 하고 싶은 일은 무엇인가요? 자세히 계획하여 써 보세요.

_____

_____

단어 배우기

• lower : 아래쪽의	• jaw : 턱	• extremely : 극히
• rare : 드문	• throughout : 도처에	• favorite : 매우 좋아하는
• surprised : 놀란	• nickname : 별명	

연계 교과 과정 | 6학년   4. Where is The Post Office?

Where is Guyana? World's largest deep-sea oil field ①

신문 읽기 전, 지식 챙기기

우리나라의 경상북도 포항 영일만 앞바다에 막대한 양의 석유와 가스가 매장돼 있을 가능성이 있다는 탐사 결과가 나왔어요. 미국의 심해 탐사 분석 기업 '액트지오'의 관계자는 "동해 심해 지역의 구조가 남미의 가이아나 유전(석유가 나는 지역)과 비슷할 수 있다"라고 밝혔어요.

Oil might be discovered in our country. Experts said that oil and gas may be buried in the waters off Yeongil Bay in Pohang, Gyeongsangbuk-do.

"The deep-sea area in the East Sea may be similar to the Guyana oil field(oil-producing area) in South America" the expert said. Guyana has the world's largest deep-sea oil field.

Where is Guyana? What kind of country is it?

우리나라에서도 석유가 발견될지 몰라요. 전문가들은 경북 포항 영일만 앞바다에 석유와 가스가 매장되어 있을 가능성이 있다고 말했어요.

"동해의 심해 지역은 남미의 가이아나 유전(석유 생산 지역)과 유사할 수 있다"라고 전문가가 말했죠. 가이아나는 세계 최대의 심해 유전을 보유하고 있어요.

가이아나는 어디에 있을까요? 가이아나는 어떤 나라일까요?

기사 더 알아보기

1. 맞으면 O, 틀리면 X를 쓰세요.

- 우리나라 서해 지역에 유전이 발견되었다고 해요. ☐
- 가이아나는 세계 최대 심해 유전이 있는 곳이에요. ☐

2. 본문을 참고하여 다음 문장을 작성해 보세요.

_____

- 우리나라에서도 석유가 발견될지 몰라요.

_____

- 가이아나는 세계 최대의 심해 유전을 보유하고 있어요.

3. 깊이 탐구해 보세요.

- 우리나라에서 많은 양의 석유가 생산된다면 어떻게 될까요? 상상하여 써 보세요.

_____

_____

단어 배우기

- country : 나라
- expert : 전문가
- buried : 파묻힌
- bay : 만
- similar : 비슷한
- oil field : 유전
- deep-sea : 심해의

연계 교과 과정 | 6학년   4. Where is The Post Office?

Where is Guyana? World's largest deep-sea oil field ②

신문 읽기 전, 지식 챙기기

가이아나는 남미 대륙 북부의 작은 나라예요. 국토의 약 85%는 열대 우림으로 뒤덮여 있고, 과거엔 사탕수수와 쌀을 주로 생산하는 가난한 농업 국가였어요. 석유가 나오기 전인 2019년에 가이아나의 경제 성장률은 연간 약 5.4%에 불과했으나 국제통화기금(IMF)은 2028년까지 가이아나가 연평균 20% 성장률을 지속할 것으로 예측했어요.

Guyana is in the northern part of the South American continent. It is a small country, with a population of about 810,000.

In the past, agriculture was the main industry and it was the second poorest country in South America. But, thanks to oil production, it has become one of the fastest growing countries.

Guyana's economic growth rate has grown from 5.4% to 20% because of the oil field.

가이아나는 남미 대륙의 북쪽에 있어요. 인구는 약 81만 명 정도 되는 작은 나라예요.

과거에는 농업이 주요 산업이었고 남미에서 두 번째로 가난한 나라였어요. 그러나 석유를 생산하면서 가장 빠르게 성장하는 국가 중 하나가 되었죠.

가이아나의 경제 성장률은 유전 덕분에 5.4%에서 20%로 높아졌답니다.

기사 더 알아보기

1. 맞으면 O, 틀리면 X를 쓰세요.

- 가이아나는 원래부터 부유한 나라였어요. ☐
- 가이아나는 석유 생산을 통해 경제 성장률이 매우 높아졌어요. ☐

2. 본문을 참고하여 다음 문장을 작성해 보세요.

_____

- 과거에는 농업이 주요 산업이었어요.

_____

- 석유 생산 덕분에, 가장 빠르게 성장하는 국가 중 하나가 되었죠.

3. 깊이 탐구해 보세요.

- '가이아나'라는 나라가 석유 생산 이후 어떻게 변했는지 조사해 보세요.

_____

_____

단어 배우기

- northern : 북쪽의
- continent : 대륙
- population : 인구
- agriculture : 농업
- industry : 산업
- thanks to : ~덕분에
- economic : 경제의
- growth : 성장
- rate : 속도, 비율

나는야 초등 뉴스왕
ELEMENTARY NEWS KING

뉴스 읽기 완성

연계 교과 과정 | 5학년 4. Whose Sock Is This?

Whose treasures are those? ①

신문 읽기 전, 지식 챙기기

콜롬비아 정부가 300여 년 전 자국의 북부 해역인 카리브해에서 침몰한 해저 보물선에 대한 인양 계획을 내놨어요. 배가 인양되면 보물의 소유권을 두고 콜롬비아 정부는 물론 세계 각국과 이해 관계자들의 진흙탕 소유권 분쟁이 일어날 것이라 예상돼요. 1708년 볼리비아 식민지에서 얻은 보물들을 스페인 본국으로 운송하던 산호세호는 콜롬비아 해역에서 영국 함대와 전투를 벌이다 침몰한 것으로 알려졌어요.

An underwater treasure ship has been discovered. The value of the treasure on board is about 20 billion dollars (about 26.65 trillion won). It is said that this ship contained a lot of treasure, including over 10 million gold coins, over 200 tons of silver, and emeralds.

Once the ship is found, the question will become who gets the treasure. The Colombian government set out to search for the Spanish ship. It is said that this ship sank in the Caribbean. The ship was carrying treasure from the South American colonies to Spain.

바닷속에 가라앉은 보물선이 발견되었어요. 보물의 가치는 약 200억 달러(약 26조 6,500억 원)에 달해요. 이 배에는 1,000만 개가 넘는 금화, 200톤이 넘는 은과 에메랄드 등 많은 보물이 담겨 있었다고 해요.

배가 발견되면 누가 보물을 얻을 것인지가 문제예요. 콜롬비아 정부는 스페인 선박의 수색에 나섰어요. 이 배는 카리브해에서 침몰했다고 해요. 당시

그 배는 남아메리카 식민지에서 스페인으로 보물을 운반하고 있었어요.

기사 더 알아보기

1. 맞으면 O, 틀리면 X를 쓰세요.
- 콜롬비아 정부는 카리브해에서 침몰한 해저 보물선을 인양할 계획이에요. ☐
- 보물선에 실린 많은 보물에 대한 소유권 분쟁이 일어날 거라 예상되고 있어요. ☐
- 그 배는 식민지에서 영국으로 보물을 운반하고 있었어요. ☐

2. 다음 문장의 빈칸을 영어로 채워 보세요.
- The ☐☐☐☐☐ of the ☐☐☐☐☐☐☐☐☐ on board is about 20 billion dollars.

  보물의 가치는 약 200억 달러에 달해요.
- The Colombian ☐☐☐☐☐☐☐☐☐ set out to search for the Spanish ship.

  콜롬비아 정부는 스페인 선박의 수색에 나섰어요.

3. 본문을 참고하여 다음 문장을 작성해 보세요.

_____

- 바닷속에 가라앉은 보물선이 발견되었어요.

_____

- 보물의 가치는 약 200억 달러에 달해요.

- 이 배는 카리브해에서 침몰했다고 해요.

3. 깊이 탐구해 보세요.

- 보물선에 있는 보물들은 식민지인 볼리비아에서 수탈한 것들로, 스페인으로 가져가려던 중 바닷속으로 사라졌어요. 이렇듯, 식민지에서 보물을 수탈한 사례를 조사한 뒤 써 보세요.

단어 배우기

- underwater : 수중의
- on board : 승선한, 선상의
- silver : 은
- sink : 가라앉다 sank의 현재형
- treasure : 보물
- contain : ~이 들어 있다
- government : 정부
- colony : 식민지
- value : 가치
- include : 포함하다
- set out : 착수하다, 출발하다

연계 교과 과정 | 5학년   4. Whose Sock Is This?

Whose treasures are those? ②

신문 읽기 전, 지식 챙기기

1981년 미국 기업 '글로카 모라'가 산호세호 회수 시 보물의 절반을 받기로 약속하고 산호세호 위치의 좌표를 콜롬비아 정부에게 전달했어요. 하지만 콜롬비아는 그 정보로 배를 찾지 못하고 2015년 다른 위치에서 산호세호를 찾았어요. 글로카 모라, 콜롬비아, 스페인, 볼리비아도 소유권을 주장하고 있어요.

One American company gave the Colombian government information about treasure ship in 1981. They were promised to receive half of the treasure. But, the Colombian government could not find the treasure with that information. They found it elsewhere in 2015.

If the ship is raised, who gets the treasure?

The Colombian government, the American company, Spain, the original owner of the ship, or Bolivia, where the treasure was produced-all of them say that they should receive the treasure.

한 미국 회사는 1981년 콜롬비아 정부에 보물선에 대한 정보를 제공했어요. 그들은 보물의 절반을 받기로 약속도 받았지요. 그러나 콜롬비아 정부는 그 정보로는 보물을 찾을 수 없었어요. 2015년에 다른 곳에서 이를 발견했어요.

배를 인양하면, 누가 보물을 가져갈까요?

콜롬비아 정부와 미국 회사, 산호세의 원래 주인인 스페인, 그리고 보물이 생산된 볼리비아. 그들 모두는 그 보물을 자기들이 받아야 한다고 말해요.

기사 더 알아보기

1. 맞으면 O, 틀리면 X를 쓰세요.
- 한 미국 회사는 보물의 절반을 받기로 약속하고 콜롬비아 정부에게 보물선의 정보를 제공했어요. ☐
- 콜롬비아 정부는 한 미국 회사의 도움으로 보물선을 찾을 수 있었어요. ☐
- 보물이 생산된 볼리비아도 보물이 자신의 것이라 주장해요. ☐

2. 다음 문장의 빈칸을 영어로 채워 보세요.
- One American company gave the Colombian government ☐☐☐☐☐☐☐☐☐☐ about treasure ship.
  한 미국 회사는 콜롬비아 정부에 보물선에 대한 정보를 제공했어요.
- They were ☐☐☐☐☐☐☐d to receive ☐☐☐☐☐ ☐☐ the treasure.
  그들은 보물의 절반을 받기로 약속도 받았지요.

3. 본문을 참고하여 다음 문장을 작성해 보세요.

_____
- 그들은 2015년에 다른 곳에서 이를 발견했어요.

_____
- 배를 인양하면, 누가 보물을 가져갈까요?

- 그들 모두는 그 보물을 자기들이 받아야 한다고 말해요.

3. 깊이 탐구해 보세요.
- 보물선이 침몰된 지역인 콜롬비아 정부와 미국 회사, 보물선의 원래 주인인 스페인, 그리고 보물이 생산된 볼리비아 중 보물의 소유권은 누가 얼마나 가져야 하는지 논리적으로 따져서 써 보세요.

단어 배우기

- company : 회사
- information : 정보
- promise : 약속하다
- half of : ~의 반
- elsewhere : 다른 곳에서
- raise : 들어올리다
- should : ~해야 한다

연계 교과 과정 | 6학년   8. I'm Taller Than You

It is more expensive than lobster.
About batinomus ①

신문 읽기 전, 지식 챙기기

바다 바퀴벌레라고도 불리는 바티노무스는 미식가들에게 주목받으며 베트남에서 바닷가재보다도 비싸게 팔리고 있어요. 바티노무스의 길이는 평균 33cm로 거대하며, 혐오스러운 외관과 달리 육질이 쫄깃하고 단단하며 지방도 풍부해 인기를 얻고 있어요.

This is batinomus. Batinomus has recently become a popular food ingredient in Asian countries, such as Vietnam and Taiwan.

It looks disgusting, but it's chewy and has a savory taste. It is said to be more delicious than lobster. It is sold at a higher price than lobster in Vietnam. The price is about 80,000 won per 1kg.

There is no batinomus storage. It is sold as soon as it is put on the market. To purchase this, people have to pre-order and wait for a while.

이건 바티노무스예요. 바티노무스는 최근 베트남, 대만 등 아시아 국가에서 인기 있는 식품 재료가 되었어요.

바티노무스는 보기엔 징그럽지만 쫄깃하고 고소한 맛이에요. 랍스터보다

사진: ⓒfriend of User:Borgx/Wikimedia Commons

더 맛있다고 해요. 바티노무스는 랍스터보다 높은 가격에 판매돼요. 베트남에서 바티노무스는 1kg당 8만 원 정도랍니다.

바티노무스를 저장할 곳이 없어 시장에 나오자마자 판매돼요. 사려면 미리 주문을 해야 하고 잠시 기다려야 해요.

기사 더 알아보기

1. 맞으면 O, 틀리면 X를 쓰세요.
- 바티노무스는 아시아 국가에서 인기 있는 식품 재료에요. ☐
- 바티노무스는 보기에 징그럽지만 맛있어요. ☐
- 바티노무스는 바다에서 흔하게 발견되어 랍스터보다 더 저렴해요. ☐

2. 다음 문장의 빈칸을 영어로 채워 보세요.
- It's ☐☐☐☐☐☐ and has a ☐☐☐☐☐☐☐ taste.
  쫄깃하고 고소한 맛이에요.
- To ☐☐☐☐☐☐☐☐☐ this, people have to pre-order and wait ☐☐☐ ☐ ☐☐☐☐☐.
  사려면 미리 주문을 해야 하고 잠시 기다려야 해요.

3. 본문을 참고하여 다음 문장을 작성해 보세요.

_____

- 그것은 보기엔 징그러워요.

_____

- 랍스터보다 더 맛있다고 해요.

- 이것은 시장에 나오자마자 판매돼요.

4. 깊이 탐구해 보세요.
- 바티노무스의 생태와 특징에 대해 조금 더 조사해 보세요.

단어 배우기

• ingredient : 재료	• disgusting : 혐오스러운	• chewy : 쫄깃쫄깃한, 질긴
• savory : 맛 좋은, 풍미 있는	• delicious : 아주 맛있는	• per : ~당, ~마다
• storage : 저장	• as soon as : ~하자마자	• purchase : 구입하다
• pre-order : 사전 주문	• for a while : 잠시 동안	

연계 교과 과정 | 6학년　8. I'm Taller Than You

It is more expensive than lobster. About batinomus ②

신문 읽기 전, 지식 챙기기

바티노무스는 바다 밑바닥에 살아요. 이곳저곳 돌아다니며 동물의 사체를 먹는 청소부기도 하죠. 그래서 양식과 채집이 어려워요. 또한, 바티노무스를 식용화하면 심해 생물의 생태계에 악영향을 끼칠 수 있어요. 하지만 영양가가 풍부하기 때문에 미래 식량으로 주목받고 있기도 하죠.

　Meanwhile, a ramen restaurant in Taiwan has become a hot topic due to a new dish- a limited edition ramen topped with batinomus. Its belly looks like a giant cockroach, but the taste is fantastic. They are not farmed, and because they live at a depth of 700m or more, it is difficult to catch them, so they're expensive.

　Some are against eating batinomus because we may solve future food problems with them.

　Is it okay to eat 'batinomus'? We need to discuss this question.

　한편, 대만의 한 라면집이 새로운 요리로 화제를 모았어요. 이는 바티노무스를 얹은 한정판 라면이에요. 바티노무스의 배는 거대한 바퀴벌레를 연상시키지만 맛은 환상적이에요. 바티노무스는 양식을 하지 않으며, 수심 700m 아래에 살기 때문에 잡기가 어려워서 가격이 비싸답니다.

　일부 사람들은 미래의 식량 문제를 해결할 수 있다는 이유로 바티노무스를 먹는 것을 반대해요.

'바티노무스'를 먹어도 괜찮을까요? 이에 대해서는 논의가 필요해요.

기사 더 알아보기

1. 맞으면 O, 틀리면 X를 쓰세요.

- 바티노무스는 수심 깊은 곳에 살고 있어서 잡기가 어려워요. ☐
- 바티노무스는 양식으로 키우고 있어요. ☐
- 일부는 바티노무스 보호를 위해 식용을 반대하고 있어요. ☐

2. 다음 문장의 빈칸을 영어로 채워 보세요.

- Its belly looks like a giant ☐☐☐☐☐☐☐☐☐.

  바티노무스의 배는 거대한 바퀴벌레처럼 보여요.

- Some are ☐☐☐☐☐☐☐ eating batinomus because we may ☐☐☐☐☐ future food problems with them.

  일부는 바티노무스를 먹는 것을 반대해요. 이것으로 미래의 식량 문제를 해결할 수 있기 때문이죠.

3. 본문을 참고하여 다음 문장을 작성해 보세요.

_____

- 맛은 환상적이에요.

_____

- 그들(바티노무스)는 양식을 하지 않아요.

_____

- 잡기가 어려워서 가격이 비싸요.

4. 깊이 탐구해 보세요.

- 바티노무스는 바다의 밑바닥에서 다른 동물의 사체를 먹어 치워 '바다의 청소부'라고 불리기도 해요. 하지만 환상적인 맛을 가지고 있죠. 바티노무스, 먹어도 괜찮을까요? 자신의 의견을 써 보세요.

___

___

단어 배우기

• meanwhile : 그동안, 한편	• due to : ~때문에	• limited edition : 한정판
• topped : 토핑된, 위에 얹은	• belly : 배	• cockroach : 바퀴벌레
• fantastic : 엄청난	• farm : 기르다	• depth : 깊이
• catch : 잡다	• against : ~에 반대하여	• solve : 해결하다
• discuss : 논의하다		

연계 교과 과정 | 5학년   1. Where Are You From?

I'm from the Congo, but I want to be Korean ①

신문 읽기 전, 지식 챙기기

조나단의 아버지는 콩고 정부의 비리를 알아채고 이를 폭로하려다 대한민국에 망명(정치적 이유로 위험을 피하기 위해 외국으로 몸을 옮김)해 한국에 난민으로 정착하여 가족들과 거주하고 있어요. 난민은 전쟁이나 재난 때문에 곤경에 빠져 조국을 떠난 사람들을 말해요. 머무르는 국가로부터 난민으로 공식 인정받게 되면 머무를 자격을 갖게 되고 각종 사회 보장의 혜택을 받게 돼요.

Jonathan is a famous celebrity and YouTuber in Korea. He is attending university in Korea. He is from the Democratic Republic of the Congo. He settled in South Korea as a refugee.

Jonathan's father was the prince of a small tribal group in Congo. Due to political issues, his father had to flee the country. So, Jonathan came to South Korea with his family when he was 8 years old.

Jonathan is trying to become a real Korean now. He is preparing for naturalization.

조나단은 한국의 유명한 연예인이자 유튜버예요. 그는 한국에서 대학을 다니고 있어요. 그는 콩고민주공화국 출신이에요. 그는 난민으로 한국에 정착했답니다.

조나단의 아버지는 콩고민주공화국에 있는 작은 부족 국가의 왕자였어요.

하지만 정치적 문제로 인해, 그의 아버지는 나라를 떠나야 됐어요. 그래서 조나단이 8살이었을 때 가족과 함께 한국에 왔어요.

조나단은 이제 진짜 한국인이 되려 해요. 그는 귀화를 준비하고 있어요.

 기사 더 알아보기

1. 맞으면 O, 틀리면 X를 쓰세요.
- 조나단은 콩고민주공화국 출신으로 유학을 위해 한국에 왔어요. ☐
- 조나단은 현재 귀화를 준비중이에요. ☐
- 조나단의 가족은 난민으로 한국에 정착했어요. ☐

2. 다음 문장의 빈칸을 영어로 채워 보세요.
- He ☐☐☐☐☐☐d in South Korea as a ☐☐☐☐☐☐☐.
  그는 난민으로서 한국에 정착했답니다.
- His father had to ☐☐☐☐☐ the country.
  그의 아버지는 나라를 떠나야 됐어요.

3. 본문을 참고하여 다음 문장을 작성해 보세요.

_____
- 그는 콩고민주공화국 출신이에요.

_____
- 조나단이 8살이었을 때 그는 가족과 함께 한국에 왔어요.

- 그는 이제 진짜 한국인이 되려 해요.

4. 깊이 탐구해 보세요.

- 기후 난민, 전쟁 난민 등 전 세계적으로 난민의 사례는 다양해요. 우리 주변의 다양한 난민의 사례와 그들의 삶을 조사해 보세요.

단어 배우기

- celebrity : 유명인
- attend : ~에 다니다
- university : 대학교
- democratic : 민주주의의
- republic : 공화국
- settle : 정착하다
- refugee : 난민
- tribal : 부족의
- political : 정치적인
- flee : 달아나다
- prepare : 준비하다
- naturalization : 귀화

연계 교과 과정 | 5학년　1. Where Are You From?

I'm from the Congo, but I want to be Korean ②

신문 읽기 전, 지식 챙기기

한국 최초의 '국민 흑인'이 되고 싶다는 조나단은 현재 귀화를 신청했어요. 귀화란 다른 국적 출신인 외국인이 자신의 원래 국적을 포기하고 다른 나라의 국적을 취득하며 그 나라의 국민이 되는 일을 말해요. 조나단이 귀화를 하게 되면 대한민국 시민으로서 권리와 의무를 다해야 돼요.

"I left Congo and came here without any protection from my country. Instead, South Korea accepted and protected my family. Thanks to the warmth of my friends and people around me, I came to love Korea more. So, I thought that I should become a Korean citizen and give back as a member of society."

Jonathan asked for support, saying, "To me, Korea means more than just a place to live".

"저는 조국을 떠나, 조국의 어떤 보호도 받지 못한 채 여기까지 왔어요. 조국 대신 한국이 내 가족을 받아주고 지켜줬어요. 친구들과 주변 사람들의 따뜻함 덕분에 저는 한국을 더욱 사랑하게 되었어요. 그래서 이제는 대한민국 시민이 되어 사회의 일원으로서 환원해야겠다는 생각이 들었어요."

조나단은 이렇게 말하며 지지를 부탁했어요. "저에게 한국은 사는 곳 그 이상의 의미가 있어요".

기사 더 알아보기

1. 맞으면 O, 틀리면 X를 쓰세요.
- 조나단의 가족이 우리나라에 왔을 때 조나단의 조국에서 그들을 보호해 주었어요. ☐
- 조나단은 대한민국 시민이 되어야겠다고 생각했어요. ☐
- 조나단에게 한국은 사는 곳 그 이상의 의미가 있어요. ☐

2. 다음 문장의 빈칸을 영어로 채워 보세요.
- I left Congo and came here ☐☐☐☐☐☐☐ any ☐☐☐☐☐☐☐☐☐☐ from my country.
  저는 조국을 떠나, 조국의 어떤 보호도 받지 못한 채 여기까지 왔어요.
- South Korea ☐☐☐☐☐☐ed and ☐☐☐☐☐☐☐ed my family.
  한국이 내 가족을 받아주고 지켜줬어요.

3. 본문을 참고하여 다음 문장을 작성해 보세요.

_____
- 친구들과 주변 사람들의 따뜻함 덕분에 저는 한국을 더욱 사랑하게 되었어요.

_____
- 대한민국 시민이 되어야겠다고 생각했어요.

_____
- 저에게 한국은 사는 곳 그 이상의 의미가 있어요.

4. 깊이 탐구해 보세요.

- 난민 수용을 어떻게 생각하나요? 난민 수용에 대한 찬성 의견과 반대 의견을 정리해 보아요.

찬성	반대

단어 배우기

- protection : 보호
- instead : ~대신에
- accept : 받아들이다
- protect : 보호하다
- warmth : 따뜻함
- around : 주위에
- citizen : 시민
- society : 사회
- support : 지지, 응원

연계 교과 과정 | 6학년   3. When Is The Club Festival?

When is the World Water Day? It's March 22nd ①

 신문 읽기 전, 지식 챙기기

점차 심각해지는 물 부족과 수질 오염을 방지하고 물의 소중함을 되새기기 위하여 유엔은 세계 물의 날을 만들어 선포하였어요. 유엔은 1992년 12월 22일 리우환경회의에서 세계 물의 날 준수 결의안(Observance of World Day for Water)을 채택했어요. 그리고 이 결의안에 따라 매년 3월 22일을 '세계 물의 날'로 제정하여 1993년부터 기념하고 있답니다.

March 22nd is World Water Day. As the Earth's environment is being destroyed, rivers and seas are becoming more polluted. The water we can drink is decreasing. 25 countries are currently suffering from severe water shortages. This is one quarter of the world's population.

The United Nations established 'World Water Day' in 1992. It recognizes the seriousness of the problem and protects and improves water resources.

3월 22일은 세계 물의 날이에요.

지구 환경이 파괴되면서 강과 바다는 더욱 오염되고 있어요. 우리가 마실 수 있는 물이 줄어들고 있지요. 현재 25개국은 심각한 물 부족을 겪고 있어요. 이는 세계 인구의 4분의 1이에요.

1992년 유엔은 '세계 물의 날'을 제정했어요. 이는 문제의 심각성을 인식하고 수자원을 보호하고 개선하기 위함이에요.

기사 더 알아보기

1. 맞으면 O, 틀리면 X를 쓰세요.

- 세계 물의 날은 5월 22일이에요. ☐
- 현재 세계 인구의 4분의 1이 심각한 물 부족을 겪고 있어요. ☐
- 우리가 마실 수 있는 물의 양은 넉넉해요. ☐

2. 다음 문장의 빈칸을 영어로 채워 보세요.

- 25 countries are currently suffering from ☐☐☐☐☐☐☐ water ☐☐☐☐☐☐☐☐☐ s.

  현재 25개국은 심각한 물 부족을 겪고 있어요.

- It recognizes the seriousness of the problem and ☐☐☐☐☐☐☐☐☐ s and ☐☐☐☐☐☐☐☐ s water resources.

  이는 문제의 심각성을 인식하고 수자원을 보호하고 개선하기 위함이에요.

3. 본문을 참고하여 다음 문장을 작성해 보세요.

_____

- 3월 22일은 세계 물의 날이에요.

_____

- 강과 바다는 더욱 오염되고 있어요.

- 우리가 마실 수 있는 물이 줄어들고 있어요.

4. 깊이 탐구해 보세요.
- 여러분의 생활을 돌아보고 생활 속에서 물 사용을 줄일 수 있는 방법을 써 보세요.

단어 배우기

• march : 3월	• destroy : 파괴하다	• currently : 현재
• severe : 극심한, 심각한	• shortage : 부족	• quarter : 4분의 1
• establish : 설립하다	• recognize : 인식하다	• seriousness : 심각함
• protect : 보호하다	• improve : 개선하다	• resource : 자원

연계 교과 과정 | 6학년   3. When Is The Club Festival?

When is the World Water Day? It's March 22nd ②

 **신문 읽기 전, 지식 챙기기**

유엔환경계획(UNEP)의 〈환경 보고서〉에 따르면, 2025년에는 전 세계 인구의 삼분의 이 정도가 물 부족 국가에 살게 될 것이라고 하지요. 지구에서 사람들이 실제로 쓸 수 있는 물은 아주 적은 양이에요. 그런데 인구가 빠른 속도로 증가하면서 물의 소비량이 늘고 물이 오염되었어요. 물이 부족하면 사람의 생명이 위험해지며 사람들이 먹을 식량이 부족해질 거예요.

More than 2 billion people worldwide do not have access to safe drinking water. As water decreases, food also decreases. So, some countries are suffering from malnutrition and hunger, as well.

Water is the source of our life. No living things can survive without water. But, people don't realize that water is a limited resource. It is our responsibility to protect water together.

전 세계적으로 20억 명 이상의 사람들이 안전한 식수를 얻지 못하고 있어요. 물이 줄어들면 음식도 줄어들어요. 그래서 몇몇 나라들은 영양실조와 배고픔으로 고통 받고 있어요.

물은 우리 생명의 근원이에요. 물 없이는 어떤 생명체도 살아남을 수 없어요. 하지만 사람들은 물이 한정된 자원이라는 것을 깨닫지 못하고 있지요. 함께 물을 보호하는 것은 우리의 책임이에요.

기사 더 알아보기

1. 맞으면 O, 틀리면 X를 쓰세요.

- 20억 명 이상의 사람들이 깨끗한 식수를 얻지 못하고 있어요. ☐
- 물은 고갈되지 않고 무한히 제공되는 자원이에요. ☐
- 함께 물을 보호하는 것은 우리의 책임이에요. ☐

2. 다음 문장의 빈칸을 영어로 채워 보세요.

- More than 2 billion people ☐☐☐☐☐☐☐☐ do not have ☐☐☐☐☐☐ to safe drinking water.

  전 세계적으로 20억 명 이상의 사람들이 안전한 식수를 얻지 못하고 있어요.

- People don't ☐☐☐☐☐☐☐ that water is a limited ☐☐☐☐☐☐☐☐.

  사람들은 물이 한정된 자원이라는 것을 깨닫지 못하고 있지요.

3. 본문을 참고하여 다음 문장을 작성해 보세요.

_____

- 물은 우리 생명의 근원이에요.

_____

- 물 없이는 어떤 생명체도 살아남을 수 없어요.

_____

- 함께 물을 보호하는 것은 우리의 책임이에요.

4. 깊이 탐구해 보세요.

- 물 부족 문제는 개인뿐 아니라 국가적으로도 함께 방법을 모색해야 해요. 이 문제를 해결하기 위한 정부에서는 어떤 노력을 할 수 있을지 생각해 보고 글로 써 보세요.

_____

_____

단어 배우기

- worldwide : 전 세계적인
- access : 접근
- malnutrition : 영양실조
- hunger : 배고픔
- survive : 살아남다
- realize : 깨닫다

연계 교과 과정 | 6학년   10. Who Wrote The Book?

Faker, the living legend of LoL ①

 신문 읽기 전, 지식 챙기기

"LoL e스포츠 역사상 가장 상징적이고 영향력 있는 선수다."
페이커는 e스포츠 리그 오브 레전드(LoL) 14년 역사상 최고의 선수라 인정받고 있어요. 그는 종목을 불문하고 '스포츠 스타들의 스타'로 불려요. 2023년에는 영국 《더 타임스》가 선정한 '올해 스포츠계 10대 파워 리스트'에 이름을 올리기도 했어요. 그래서 그를 '살아 있는 전설' 이라 불러요.

Faker(Lee Sanghyeok) is a LoL(League of Legends) professional gamer. He is one of the greatest players in the history of the game.

Faker won the World Championship four times. The World Championship is the largest competition in LoL eSports.

He also won ten Korean competitions. Faker recently achieved his 600th set win. He has several more records.

페이커(이상혁)는 LoL(리그 오브 레전드)의 프로게이머예요. 그는 게임 역사상 가장 위대한 선수 중 한 명이에요.

페이커는 월드 챔피언십에서 4번이나 우승했어요. 월드 챔피언십은 LoL

사진: ©Fomos Esports/Wikimedia Commons

e스포츠의 최대 규모 대회예요.

그는 또한 한국 대회에서도 10승을 거뒀으며 생애 첫 600세트 승리를 달성하기도 했지요. 이뿐만 아니라 그는 수많은 기록을 갖고 있어요.

기사 더 알아보기

1. 맞으면 O, 틀리면 X를 쓰세요.
- 페이커는 LoL의 프로게이머예요. ☐
- 페이커는 LoL e스포츠의 최대 규모인 월드 챔피언십에서 1번 우승했어요. ☐
- 페이커는 e스포츠 역사상 가장 상징적이고 영향력 있는 선수로 평가받아요. ☐

2. 다음 문장의 빈칸을 영어로 채워 보세요.
- He is one of the ☐☐☐☐☐☐☐☐ ☐☐☐☐☐☐☐s in the history of the game.

  그는 게임 역사상 가장 위대한 선수 중 한 명이에요.
- The World Championship is the largest ☐☐☐☐☐☐☐☐☐☐ in LoL eSports.

  월드 챔피언십은 LoL e스포츠의 최대 규모 대회예요.

3. 본문을 참고하여 다음 문장을 작성해 보세요.

_____

- 페이커는 월드 챔피언십에서 4번이나 우승했어요.

_____

- 생애 첫 600세트 승리를 달성하기도 했지요.

- 이뿐만 아니라 그는 수많은 기록을 갖고 있어요.

4. 깊이 탐구해 보세요.
- 페이커가 세운 기록, 업적 등에 대해서 조사해 보세요.

 **단어 배우기**

- one of : ~중 하나
- greatest : 가장 훌륭한
- competition : 대회

연계 교과 과정 | 6학년   10. Who Wrote The Book?

Faker,
the living legend of LoL ②

신문 읽기 전, 지식 챙기기

인성과 실력 모두 '월드 클래스'로 통하는 '페이커' 이상혁은 'Hall of Legends(전설의 전당)'에 1호 회원으로 등재됐어요. '전설의 전당'은 LoL에서 뛰어난 강인함과 눈부신 경기력을 보여주고 전 세계 수천만 팬에게 영감을 준 프로 선수를 기리기 위해 LoL을 서비스하고 있는 게임사 라이엇 게임즈가 설립했어요. 이를 기념하기 위해 트로피와 함께 '페이커' 이상혁의 e스포츠 경력을 기념하는 게임 내 콘텐츠, 스킨 등을 선보일 계획이라고 해요.

His gaming skills are excellent. He also has a great personality and a positive influence on society. So, Faker was the first gamer to enter the Hall of Legends.

Faker said "I will work harder to spread a positive influence, I heard many people are inspired by me. It gives me more motivation". He is a living legend of LoL.

그의 게임 실력은 뛰어나요. 또한 성격도 좋고 사회에 긍정적인 영향을 끼치는 사람이기도 하지요. 그래서 페이커는 전설의 전당에 가장 먼저 입성해요.

페이커는 "좋은 영향력을 전파할 수 있도록 더욱 노력하겠습니다. 저에게서 영감을 받는 분들이 많다고 들었습니다. 그것은 저에게 더 많은 동기를 부여합니다"라고 말했어요.

그는 LoL의 살아 있는 전설이에요.

기사 더 알아보기

1. 맞으면 O, 틀리면 X를 쓰세요.

- 페이커는 게임 실력뿐 아니라 인성도 훌륭해요. ☐
- 페이커는 전설의 전당에 가장 먼저 입성해요. ☐
- 전설의 전당에 오른 페이커에게 수여되는 것은 트로피뿐이에요. ☐

2. 다음 문장의 빈칸을 영어로 채워 보세요.

- His gaming skills are ☐☐☐☐☐☐☐☐☐.

  그의 게임 실력은 뛰어나요.

- He also has a great personality and a ☐☐☐☐☐☐☐☐ ☐☐☐☐☐☐☐☐ on society.

  또한 성격도 좋고 사회에 긍정적인 영향을 끼치는 사람이기도 하지요.

3. 본문을 참고하여 다음 문장을 작성해 보세요.

_____

- 좋은 영향력을 전파할 수 있도록 더욱 노력하겠습니다.

_____

- 저에게서 영감을 받는 분들이 많다고 들었습니다.

_____

- 그는 LoL의 살아 있는 전설이에요.

4. 깊이 탐구해 보세요.

- 페이커 선수가 지금처럼 전설적인 프로게이머가 된 비결은 무엇일지 여러분의 생각을 써 보세요.

_____

_____

단어 배우기

- personality : 성격
- positive : 긍정적인
- influence : 영향
- society : 사회
- enter : 들어가다
- hall : 현관, 전당
- spread : 펼치다
- hear : 듣다 heard의 현재형
- inspire : 영감을 주다
- motivation : 동기

연계 교과 과정 | 6학년   6. He Has Short Curly Hair

She has dark skin.
"Juliet is black?", "Not my Ariel." ①

신문 읽기 전, 지식 챙기기

셰익스피어의 연극 〈로미오와 줄리엣〉에서 줄리엣 역에 흑인 배우가 캐스팅된 것을 놓고 SNS에서 언쟁이 벌어졌어요. 줄리엣의 이미지에 흑인 배우가 맞지 않는다는 이유에서였지요. 한편, 영화 〈인어공주〉에서도 주인공에 흑인 배우가 캐스팅되어 SNS를 통해 '#NotMyAriel(내 에리얼이 아니다)'이라는 해시태그 운동이 벌어져 논란이 되기도 했어요.

Black actress Francesca Amewudah-Rivers was cast as Juliet in the play 〈Romeo and Juliet〉. Then, some people claimed "A black actress should not play Juliet". because a black actress does not fit the image of Juliet.

Comments such as "Juliet is black?" were posted on social media.

The production company of the play said, "Please stop racism. We will continue to support and protect everyone at all costs".

흑인 여배우 '프란체스카 아메우다-리버스'가 연극 〈로미오와 줄리엣〉에서 줄리엣 역으로 캐스팅이 되었어요. 그러자 일부 사람들은 '흑인 배우는 줄리엣 역을 하면 안 된다'라고 비난하기도 했어요. 흑인 배우는 줄리엣의 이미지와 맞지 않기 때문이라는 거예요. 그래서 "줄리엣은 흑인인가요?" 등의 글이 SNS에 올라왔어요.

제작사는 "인종 차별을 멈춰 주세요. 우리는 어떤 대가를 치르더라도 계속해서 모든 사람을 지원하고 보호할 것입니다"라고 말했어요.

기사 더 알아보기

1. 맞으면 O, 틀리면 X를 쓰세요.
- 흑인 배우가 줄리엣 역으로 캐스팅이 되면서 일부 사람들의 비난을 받았어요. ☐
- 일부 사람들은 흑인 배우가 줄리엣의 이미지에 어울리지 않는다고 주장했어요. ☐
- 제작사는 줄리엣 역할의 흑인 배우를 반대하는 대중의 의견을 받아들였어요. ☐

2. 다음 문장의 빈칸을 영어로 채워 보세요.
- ☐☐☐☐☐☐☐s such as "Juliet is black?" were posted on social media.
  "줄리엣은 흑인인가요?" 등의 글이 SNS에 올라왔어요.
- We will continue to ☐☐☐☐☐☐☐ and protect everyone ☐☐ ☐☐☐ ☐☐☐☐☐☐.
  우리는 어떤 대가를 치르더라도 계속해서 모든 사람을 지원하고 보호할 거예요.

3. 본문을 참고하여 다음 문장을 작성해 보세요.

___

- 흑인 여배우가 연극 〈로미오와 줄리엣〉에서 줄리엣 역으로 캐스팅이 되었어요.

___

- 그러자 일부 사람들은 '흑인 배우는 줄리엣 역을 하면 안 된다'라고 비난하기도 했어요.

___

- 인종 차별을 멈춰 주세요.

4. 깊이 탐구해 보세요.

- 여러분은 줄리엣 역에 흑인 배우가 캐스팅되어 논란이 생긴 것에 대해 어떻게 생각하시나요? 나의 의견과 그 이유를 글로 써 보세요.

_____

_____

단어 배우기

- **cast** : 시선을 던지다, 캐스팅을 하다
- **play** : 놀이, 연극
- **claim** : 요구하다
- **actress** : 여배우
- **fit** : 맞다
- **image** : 그림
- **comment** : 언급
- **racism** : 인종 차별
- **continue** : 계속하다
- **at all costs** : 어떤 희생을 치르더라도

연계 교과 과정 | 6학년   6. He Has Short Curly Hair

She has dark skin.
"Juliet is black?", "Not my Ariel." ②

신문 읽기 전, 지식 챙기기

흑인 배우 캐스팅에 찬성하는 사람들은 줄리엣은 누가 연기하든 중요하지 않으며 흑인 배우도 줄리엣 연기를 잘 해낼 수 있고, 이를 제한하는 것은 인종 차별이라고 주장해요. 반대로, 흑인 배우 캐스팅에 반대하는 사람들은 흑인이라는 이유로 배우를 캐스팅하는 건 역차별이라고 주장해요.

Also, there was a similar problem when ⟨The Little Mermaid⟩ was released in 2023. The lead character in The Little Mermaid was cast with the black actress Halle Bailey.

Then, some fans started posting hashtags like "Not my Ariel". Ariel has white skin and red hair. But, Bailey has dark skin and hair.

On the other hand, some said the actor's skin color or hair color is not a problem. The controversy continues.

2023년 개봉한 ⟨인어공주⟩ 때도 비슷한 문제가 있었어요. ⟨인어공주⟩의 주인공에 흑인 배우 할리 베일리가 캐스팅되었죠.

그러자 일부 팬들은 할리 베일리에게 "내 에리얼이 아니야"라는 해시태그를 올리기 시작했지요. 에리얼은 하얀 피부에 빨간 머리이지만 베일리는 검은 피부와 검은 머리카락을 가지고 있어요.

반면에 배우의 피부색이나 머리색은 문제가 되지 않는다고 말하는 사람도 있어요. 이러한 논란은 계속되고 있답니다.

기사 더 알아보기

1. 맞으면 O, 틀리면 X를 쓰세요.

- 〈인어공주〉의 여주인공이 흑인이란 이유로 일부 사람들이 불만을 표출했어요. ☐
- "Not my Ariel"은 흑인 여배우에 대한 응원의 의미를 담고 있는 글귀예요. ☐
- 이제 배우의 피부색이나 머리색에 관한 논란은 없어졌어요. ☐

2. 다음 문장의 빈칸을 영어로 채워 보세요.

- There was a ☐☐☐☐☐☐☐ problem when 〈The Little Mermaid〉 was ☐☐☐☐☐☐☐d in 2023.

  2023년 개봉한 〈인어공주〉 때도 비슷한 문제가 있었어요.

- ☐☐ ☐☐☐ ☐☐☐☐☐☐ ☐☐☐☐, some said the actor's skin color or hair color is not a problem.

  반면에 배우의 피부색이나 머리색은 문제가 되지 않는다고 말하는 사람도 있어요.

3. 본문을 참고하여 다음 문장을 작성해 보세요.

_____

- 에리얼은 하얀 피부에 빨간 머리카락을 가지고 있어요.

_____

- 반면에 배우의 피부색이나 머리색은 문제가 되지 않는다고 말하는 사람도 있어요.

_____

- 이러한 논란은 계속되고 있답니다.

4. 깊이 탐구해 보세요.

- 인종적인 다양성을 추구하기 위해 작품 속 캐릭터와 실제 배우의 인종이 다르게 캐스팅하는 상황은 종종 만나볼 수 있어요. 이에 대해 긍정적인 반응을 보이는 사람들도 있지만, 일부는 원작을 존중하지 않는 캐스팅이라고 말하기도 해요. 여러분은 어떻게 생각하는지 의견을 써 보세요.

 단어 배우기

- mermaid : 인어
- release : 개봉하다
- skin : 피부
- on the other hand : 반면에
- actor : 배우
- controversy : 논란

연계 교과 과정 | 6학년   9. What Do You Think?

What do you think about students' use of smartphones? ①

 신문 읽기 전, 지식 챙기기

플로리다주 주지사인 론 디샌티스(Ron DeSantis)는 '미성년자 온라인 보호법'을 제정했어요. 법에 따라 14세 미만 어린이는 2025년 1월 1일부터 SNS 계정 보유가 금지된답니다. 14세 미만의 SNS 계정 보유를 법으로 금지하는 건 미국에서 플로리다주가 최초라고 해요.

What do you think about students' use of smartphones and social media? Laws are being made about children's use of smartphones.

In the US state of Florida, children will be banned from having social media accounts starting next year. Even if parents allow it, children will not be able to create SNS accounts. Youths aged 14 to 15 will be able to create SNS accounts only with their parents' permission.

Children can't control social media well and use it a lot. This is not good for growing children.

학생들의 스마트폰과 소셜 미디어 사용에 대해 어떻게 생각하나요? 어린이의 스마트폰 사용에 관한 법률이 제정되고 있어요.

미국 플로리다주에서는 내년부터 어린이들의 소셜 미디어 계정 보유가 금지될 예정이에요. 부모가 동의하더라도 자녀는 SNS 계정을 만들 수 없어요. 만 14~15세 청소년은 부모님의 동의가 있어야만 SNS에 가입할 수 있답니다.

아이들은 소셜 미디어를 잘 통제하지 못하고 많이 사용하지요. 이는 자라나는 아이들에게 좋지 않아요.

기사 더 알아보기

1. 맞으면 O, 틀리면 X를 쓰세요.
- 미국 플로리다주에서는 2025년부터 어린이들이 SNS 계정 보유가 금지돼요. ☐
- 하지만 플로리다주에서는 부모님이 동의하면 만 14세 미만 자녀도 SNS 계정을 만들 수 있어요. ☐
- 대부분의 아이들은 SNS를 잘 통제할 수 있어요. ☐

2. 다음 문장의 빈칸을 영어로 채워 보세요.
- Even if ☐☐☐☐☐☐☐ allow it, children will not ☐☐ ☐☐☐☐☐ ☐☐ create SNS accounts.
  부모가 동의하더라도 자녀는 SNS 계정을 만들 수 없어요.
- ☐☐☐☐☐☐☐ ☐☐☐☐☐ 14 to 15 will be able to create SNS ☐☐☐☐☐☐☐s only with their parents' permission.
  만 14~15세 청소년은 부모님의 동의가 있어야만 SNS 계정을 만들 수 있답니다.

3. 본문을 참고하여 다음 문장을 작성해 보세요.

―――――――――――――――――――――――――――

- 학생들의 스마트폰과 소셜 미디어 사용에 대해 어떻게 생각하나요?

- 아이들은 소셜 미디어를 잘 통제하지 못하고 많이 사용하지요.

- 이는 자라나는 아이들에게 좋지 않아요.

4. 깊이 탐구해 보세요.
- 학생들이 SNS 계정을 갖는 것을 금지하는 법에 대한 자신의 생각을 이유와 함께 써 보세요.

단어 배우기

- account : 계좌
- even if : (비록) ~일지라도
- parents : 부모님
- be able to : ~할 수 있다
- youth : 청소년
- aged : ~세의
- permission : 허락

연계 교과 과정 | 6학년　9. What Do You Think?

What do you think about students' use of smartphones? ②

 **신문 읽기 전, 지식 챙기기**

플로리다주 외에도 청소년들의 소셜 미디어 사용에 관한 법안이 발의되고 있어요. 미국 뉴욕주에서는 SNS 회사가 부모 동의가 없으면 청소년을 대상으로 알고리즘을 사용하지 못하게 하는 법안을 만들었으며, 유타주에서는 청소년의 SNS 접근을 규제하는 법안을 시행했답니다.

The governor said, "Social media harms children in many ways. Children do not realize that they are using social media too much. The government must help children".

Last year, the U.S. state of Utah made a law. Children under the age of 18 have to get their parents' permission to use social media.

The UK and France are considering policies to ban the sale of smartphones to children and teenagers.

주지사는 "소셜 미디어는 여러 면에서 어린이들에게 해를 끼쳐요. 아이들은 자신이 소셜 미디어를 너무 많이 사용하고 있다는 사실을 깨닫지 못해요. 정부는 아이들을 도와야 합니다"라고 말했어요.

지난해 미국 유타주는 법안을 만들었어요. 18세 미만의 어린이가 소셜 미디어를 사용할 때는 부모의 동의를 받아야 해요.

영국과 프랑스도 어린이와 청소년에게 스마트폰 판매를 금지하는 정책을 검토 중이랍니다.

기사 더 알아보기

1. 맞으면 O, 틀리면 X를 쓰세요.
- 플로리다주의 주지사는 SNS가 어린이들에게 해를 끼치기에 정부가 이를 도와줘야 한다고 말해요. ☐
- 미국 유타주에서는 18세 미만의 어린이가 소셜 미디어를 사용할 때 부모의 동의를 받아야 해요. ☐
- 영국과 프랑스에서는 어린이와 청소년에게 스마트폰 사용을 금지하는 법을 시행했어요. ☐

2. 다음 문장의 빈칸을 영어로 채워 보세요.
- Children ☐☐☐☐☐ the age of 18 have to get their parents' ☐☐☐☐☐☐☐☐☐☐ to use social media.
  18세 미만의 어린이가 소셜 미디어를 사용할 때는 부모의 동의를 받아야 해요.
- The UK and France are ☐☐☐☐☐☐☐☐ing policies to ban the sale of smartphones to children and ☐☐☐☐☐☐☐☐s.
  영국과 프랑스도 어린이와 청소년들에게 스마트폰 판매를 금지하는 정책을 고려 중이랍니다.

3. 본문을 참고하여 다음 문장을 작성해 보세요.

_____
- 소셜 미디어는 여러 면에서 어린이들에게 해를 끼쳐요.

_____
- 정부는 아이들을 도와야 합니다.

_____
- 지난해 미국 유타주는 법안을 만들었어요.

4. 깊이 탐구해 보세요.

- 소셜 미디어에 무분별하게 노출되고 있는 아이들을 위해 스마트폰·SNS 사용 법안을 만들 수 있다면 어떤 내용을 담고 싶은지 써 보세요.

단어 배우기

- harm : 해를 끼치다
- in many ways : 여러모로
- under : ~미만의
- consider : 고려하다
- policy : 정책
- sale : 판매
- teenager : 10대

연계 교과 과정 | 6학년   11. We Should Save The Earth

We should protect the environment. Rusty rivers in Alaska ①

신문 읽기 전, 지식 챙기기

최근 알래스카 일대에 있는 하천들이 주황색으로 변하는 이상 현상이 발생했는데요. 이러한 현상이 기후 변화 때문에 발생한 것이라고 해요. 국제 학술지 네이처에 등재된 논문에 따르면 알래스카 지역에서 발생한 하천 수질 변화는 지구 온난화로 녹은 물에 중금속이 유입되었기 때문이라고 해요.

Recently, rivers in Alaska have turned orange. They look rusty.

Experts say that this was caused by climate change.

The frozen ground beneath the Earth's surface began to melt.

This flowed into the river, and it turned the river water orange.

As the ground melted, minerals in the deep soil reacted with oxygen and changed color.

So, the color of the river water in Alaska changed.

최근 알래스카의 강이 주황색으로 변했어요. 마치 녹슨 것 같아요.

전문가들은 이것이 기후 변화 때문이라고 말해요.

지구 표면 아래 얼어붙은 땅이 녹기 시작하면서 이것이 강으로 흘러 들어가 강물을 주황색으로 바꾸었어요. 땅이 녹으면서 깊은 토양 속에 있는 광물이 산소와 반응하여 색이 변하게 된 거죠.

그래서 알래스카의 강물 색깔이 변했어요.

기사 더 알아보기

1. 맞으면 O, 틀리면 X를 쓰세요.

- 알래스카의 강이 주황색으로 변했어요. ☐
- 알레스카에 있는 강의 색이 변한 이유는 기후 변화 때문이에요. ☐
- 깊은 토양 속에 있는 광물이 탄소와 반응하여 색이 변하게 되었어요. ☐

2. 다음 문장의 빈칸을 영어로 채워 보세요.

- The frozen ground beneath the Earth's ☐☐☐☐☐☐☐ began to ☐☐☐☐ .

  지구 표면 아래 얼어붙은 땅이 녹기 시작했어요.

- As the ground melted, minerals in the deep ☐☐☐☐☐ . ☐☐☐☐☐ed with oxygen and changed color.

  땅이 녹으면서 깊은 토양 속에 있는 광물이 산소와 반응하여 색이 변하게 된 거죠.

3. 본문을 참고하여 다음 문장을 작성해 보세요.

_____

- 최근 알래스카의 강이 주황색으로 변했어요.

_____

- 그것들은 마치 녹슨 것처럼 보여요.

_____

- 전문가들은 이것이 기후 변화 때문이라고 말해요.

4. 깊이 탐구해 보세요.

- 극지방에서 일어나고 있는 기후 위기에 따른 변화 모습을 조사하여 정리해 보세요.

_____

_____

단어 배우기

- rusty : 녹슨
- cause : ~을 초래하다
- climate : 기후
- beneath : 아래에
- surface : 표면
- melt : 녹다
- flow : 흐르다
- mineral : 광물
- soil : 토양
- react : 반응하다
- oxygen : 산소

연계 교과 과정 | 6학년 11. We Should Save The Earth

We should protect the environment.
Rusty rivers in Alaska ②

신문 읽기 전, 지식 챙기기

늘 얼어 있던 토양층이 지구 온난화로 녹으면서 발생한 빙하수가 대기 중의 산소와 접촉하면 높은 산성을 띠게 돼요. 이는 토양에 함유된 중금속을 녹일 수 있는데요. 이런 현상이 여러 지역에 동시에 발생하여 하천에 흘러들면서 색이 변질된 것으로 보여요. 지구 온난화로 인해 북극 지방의 변화가 빠르게 나타나는 것에 대한 우려가 점점 커지고 있어요.

Global warming has changed the once-beautiful rivers.

Heavy metals were mixed into the river. This has serious negative impacts on river ecosystems. For example, the areas where fish can live are changing.

The effects of rising temperatures appear quickly in the Arctic, 2~3 times faster than anywhere else. Experts warn that such changes will occur more in the future.

We should protect the environment.

지구 온난화로 한때 아름다웠던 강이 변했어요.

중금속이 강에 섞이게 되었는데요. 이건 강 생태계에 심각한 부정적인 영향을 미쳐요. 예를 들면 물고기가 살 수 있는 지역이 변화하는 식이에요.

기온 상승의 영향은 북극에서 빠르게 나타나요. 다른 곳보다 2~3배 빠른 속도예요. 전문가들은 이러한 변화가 앞으로 더 많이 일어날 것이라고 경고해요.

우리는 환경을 보호해야 해요.

 기사 더 알아보기

1. 맞으면 O, 틀리면 X를 쓰세요.
- 중금속이 알래스카의 강에 섞이게 되면서 강 생태계에 악영향을 미쳐요. ☐
- 기온 상승의 영향은 북극에서 느리게 나타나요. ☐
- 전문가들은 지구 온난화로 인한 변화가 더 많이 일어날 것이라 경고해요. ☐

2. 다음 문장의 빈칸을 영어로 채워 보세요.
- ☐☐☐☐☐☐☐☐ ☐☐☐☐☐☐☐☐☐☐☐ has changed the ☐☐☐☐☐-beautiful rivers.
지구 온난화로 한때 아름다웠던 강이 변했어요.
- This has ☐☐☐☐☐☐☐☐ ☐☐☐☐☐☐☐☐☐☐ impacts on river ecosystems.
이건 강 생태계에 심각한 부정적인 영향을 미쳐요.

3. 본문을 참고하여 다음 문장을 작성해 보세요.

- 중금속이 강에 섞였어요.

- 전문가들은 이러한 변화가 앞으로 더 많이 일어날 것이라고 경고해요.

- 우리는 환경을 보호해야 해요.

4. 깊이 탐구해 보세요.

- 기후 위기 문제를 해결하기 위해서는 개인의 노력이 먼저일까요? 기업이나 국가의 노력이 먼저일까요? 자신의 생각을 논리적으로 써 보세요.

단어 배우기

• global warming : 지구 온난화	• once : 한때	• heavy metal : 중금속
• mix into : ~을 ~에 섞다	• serious : 심각한	• negative : 부정적인
• impact : 영향을 주다	• ecosystem : 생태계	• effect : 영향
• Arctic : 북극의	• warn : 경고하다	• occur : 일어나다

연계 교과 과정 | 6학년   5. I'm Going To See a Movie

It is going to be completed in 2026. The Sagrada Familia ①

신문 읽기 전, 지식 챙기기

사그라다 파밀리아는 스페인의 세계적인 건축가 가우디가 설계하고 직접 건축 감독을 맡은 **바실리카***예요. 1882년부터 시작된 공사는 현재까지 진행 중이며 가우디 사후 100주년이 되는 2026년에 완공될 예정이에요.

'The Sagrada Familia' is a landmark in Barcelona, Spain. It is a must-see for tourists. The Sagrada Familia is still under construction. It has been for over 144 years. The Sagrada Familia is expected to be completed in 2026. It was designed by the genius architect Antonio Gaudí. The year 2026 will be the 100th anniversary of the death of Gaudí.

Although it is not yet completed, nearly 5 million people visit the Basilica every year.

사그라다 파밀리아는 스페인 바르셀로나의 랜드마크예요. 관광객들이 꼭 봐야 할 곳이지요. 사그라다 파밀리아는 아직 공사 중이에요. 지어진 지 144년이 넘었어요. 사그라다 파밀리아는 2026년 완공될 예정이에요. 이는 천재 건축가 가우디가 설계했어요. 2026년은 안토니오 가우디가 죽은

* 바실리카(Basilica): 교황에 의해 특별한 종교적, 역사적 중요성을 인정받은 교회

지 100주년이 되는 해예요. 아직 완성되지는 않았지만 매년 500만 명에 가까운 사람들이 이 바실리카를 방문해요.

기사 더 알아보기

1. 맞으면 O, 틀리면 X를 쓰세요.

- 사그라다 파밀리아는 스페인 마드리드의 랜드마크예요. ☐
- 사그라다 파밀리아는 2024년에 완공되었어요. ☐
- 사그라다 파밀리아는 천재 건축가 가우디가 설계한 곳이에요. ☐

2. 다음 문장의 빈칸을 영어로 채워 보세요.

- It was designed by the ☐☐☐☐☐☐☐ ☐☐☐☐☐☐☐☐☐☐ Antonio Gaudí.

  이는 천재 건축가 가우디가 설계했어요.

- The year 2026 will be the 100th ☐☐☐☐☐☐☐☐☐☐☐ of the ☐☐☐☐☐ of Gaudí.

  2026년은 안토니오 가우디가 죽은 지 100주년이 되는 해예요.

3. 본문을 참고하여 다음 문장을 작성해 보세요.

_____

- 관광객들이 꼭 봐야 할 곳이지요.

_____

- 사그라다 파밀리아는 아직 공사 중이에요.

- 사그라다 파밀리아는 2026년 완공될 예정이에요.

4. 깊이 탐구해 보세요.

- 사그라다 파밀리아의 모습을 인터넷을 통해 자세히 관람해보고 느낀 점이나 인상 깊은 점, 또는 소감을 써 보세요.

단어 배우기

- landmark : 주요 지형지물, 랜드마크
- must-see : 꼭 봐야 할 것
- tourist : 관광객
- under : 아래에, ~중인
- construction : 건설
- expect : 예상하다
- complete : 완성하다
- genius : 천재
- architect : 건축가
- anniversary : 기념일
- death : 죽음
- yet : 아직

연계 교과 과정 | 6학년   5. I'm Going To See a Movie

It is going to be completed in 2026.
The Sagrada Familia ②

신문 읽기 전, 지식 챙기기

사그라다 파밀리아는 입장료 수입과 기부금에 의존하여 건축되기에 건설이 천천히 진행돼요. 1950년대에는 스페인 남북전쟁의 여파로 건설이 중단되기도 했어요. 사그라다 파밀리아는 미완성임에도 불구하고 가우디 건축물 중 최고의 걸작이라는 찬사가 붙는 곳이에요.

Sagrada Familia suffered for a long time due to war and a lack of finances. Construction was also stopped for about two years due to COVID-19.

When completed, it will be 172.5m tall. It will be the tallest church in the world.

The Basilica has a fantastic appearance, like a building from a fairy tale, it is one of the most unique and majestic structures in the world. It was designated as a UNESCO World Heritage Site in 1984.

사그라다 파밀리아는 전쟁과 재정 부족으로 오랫동안 어려움을 겪었고, 코로나19로 인해 약 2년 동안 공사가 중단되기도 했어요.

완공되면 높이는 172.5m가 돼요. 세계에서 가장 높은 교회가 될 거예요.

이 바실리카는 마치 동화 속 건물처럼 환상적인 모습을 갖고 있으며 가장 독특하고 장엄한 건축물 중 하나예요. 1984년에는 유네스코 세계문화유산으로 지정되기도 했어요.

기사 더 알아보기

1. 맞으면 O, 틀리면 X를 쓰세요.

- 사그라다 파밀리아는 전쟁과 재정 부족 속에서도 어려움 없이 건축되었어요. ☐
- 사그라다 파밀리아는 완공되면 세계에서 가장 높은 성당이 될 것이에요. ☐
- 사그라다 파밀리아는 유네스코 세계문화유산으로 지정되기도 했어요. ☐

2. 다음 문장의 빈칸을 영어로 채워 보세요.

- Sagrada Familia suffered for a long time due to ☐☐☐ and a ☐☐☐☐☐ of ☐☐☐☐☐☐☐☐s.

  사그라다 파밀리아는 전쟁과 재정 부족으로 오랫동안 어려움을 겪었어요.

- It is one of the most ☐☐☐☐☐☐☐ and majestic ☐☐☐☐☐☐☐☐☐☐☐s in the world.

  가장 독특하고 장엄한 건축물 중 하나예요.

3. 본문을 참고하여 다음 문장을 작성해 보세요.

_____

- 완공되면 높이는 172.5m가 될 거예요.

_____

- 이 바실리카는 환상적인 모습을 갖고 있어요.

_____

- 1984년 유네스코 세계문화유산으로 지정됐어요.

4. 깊이 탐구해 보세요.

- 가우디가 지은 건물과 그의 건축 방식에 대해서 조사해 보세요.

_____

_____

단어 배우기

- war : 전쟁
- lack : 부족
- finance : 재정, 자금
- appearance : 모습
- fairy tale : 동화
- unique : 독특한
- majestic : 장엄한
- structure : 건축물
- designate : 지정하다
- heritage : 유산

연계 교과 과정 | 5학년 5. I'd Like Fried Rice

May I take your order?
Amazing coffee-making robot ①

 **신문 읽기 전, 지식 챙기기**

서울특별시청에 새로 도입된 로봇 카페는 시청 방문객 누구나 이용할 수 있는 공간이에요. 이곳은 완전 무인으로 24시간 운영이 가능한 형태로, 스마트 픽업 존과 인공지능 기술 등의 기능을 새로 적용한 것이 특징이에요. 픽업 존 개수도 이전 6개에서 24개로 늘어 음료를 안정적으로 제공하고 있답니다.

"May I take your order?" On the first floor of Seoul City Hall the hands of the coffee-making robot are busy.

Many people naturally use unmanned robot cafe.

'Barisbrew', a coffee-making robot, can do everything in the cafe. It can take payments, prepare drinks, provide pick-up service, and guide customers.

It can greet people and have simple communication.

It is completely unmanned and is open 24 hours a day.

"주문하시겠어요?" 서울특별시청 1층. 커피를 만드는 로봇의 손은 바빠요.

많은 사람들이 자연스럽게 무인 로봇 카페를 이용하고 있어요.

커피 제조 로봇 '바리스브루'는 카페 일에 관한 모든 것을 할 수 있어요. 바리스브루는 결제 서비스, 음료 준비, 픽업 서비스 및 가이드도 제공할 수 있죠.

바리스브루는 사람들에게 인사를 할 수 있고 간단한 의사소통까지 할 수 있답니다. 이곳은 완전 무인화되어 24시간 운영이 가능해요.

기사 더 알아보기

1. 맞으면 O, 틀리면 X를 쓰세요.

- 서울특별시청 1층에 무인 로봇 카페가 있어요. ☐
- 커피 제조 로봇 '바리스브루'는 음료를 제조하는 일만 할 수 있어요. ☐
- 무인 로봇 카페는 아침 9시부터 저녁 6시까지 운영해요. ☐

2. 다음 문장의 빈칸을 영어로 채워 보세요.

- Many people ☐☐☐☐☐☐☐☐ use ☐☐☐☐☐☐☐☐ robot cafe.

  많은 사람들이 자연스럽게 무인 로봇 카페를 이용하고 있어요.

- It can take ☐☐☐☐☐☐☐☐s, ☐☐☐☐☐☐☐☐ drinks, provide pick-up service, and guide ☐☐☐☐☐☐☐☐s.

  결제를 받고, 음료를 준비하며, 픽업 서비스를 제공하고, 고객을 안내할 수 있어요.

3. 본문을 참고하여 다음 문장을 작성해 보세요.

_____

- 주문하시겠어요?

_____

- 커피 제조 로봇 '바리스브루'는 카페 일에 관한 모든 것을 할 수 있어요.

_____

- 바리스브루는 사람들에게 인사를 할 수 있고 간단한 의사소통까지 할 수 있답니다.

4. 깊이 탐구해 보세요.

- 무인 가게의 로봇 서비스를 이용한 경험이 있나요? 이용 후 생각 또는 느낀 점을 써 보세요. 만약 없다면 상상해서 써 보세요.

_____

_____

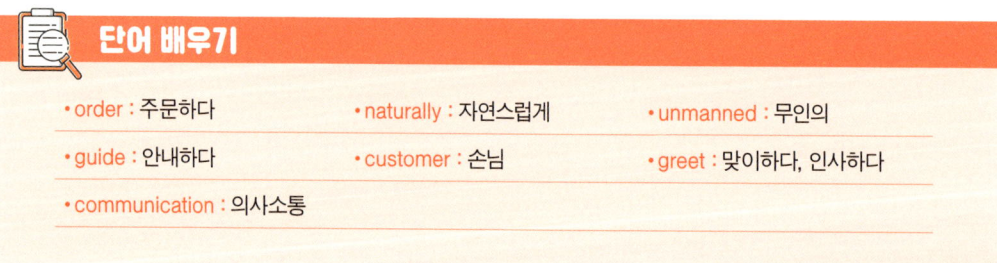

연계 교과 과정 | 5학년   5. I'd Like Fried Rice

May I take your order?
Amazing coffee-making robot ②

신문 읽기 전, 지식 챙기기

서울특별시청에 있는 커피 제조 로봇 '바리스브루'는 버튼이나 안내가 복잡하지 않아 처음 이용하는 이들도 쉽게 주문하고 음료를 찾을 수 있어요. 하나의 팔이 이동하면서 작업하는 형태라 주문이 몰릴 땐 대기를 해야 하고, 기계 점검 시간에는 이용이 힘든 경우도 있어요. 하지만 이런 문제 발생 횟수도 점점 줄어들고 있어요. 완전 무인 로봇 카페 이용자는 점점 늘어나는 추세예요.

When a customer orders a drink through the kiosk, a Barisbrew completes the order. The robot does many tasks, such as adding ice or water, brewing coffee, or squeezing syrup. This is all automated.

There are various menus in the cafe with about 8 items. The prices are cheap and the drinks are very delicious.

"It's amazing that the robot makes coffee."

"I would like to use it again because it is cheap."

Like these, most reactions to Barisbrew are positive.

고객이 키오스크를 통해 음료를 주문하면 바리스브루가 음료를 완성해요. 로봇은 얼음이나 물을 추가하거나, 커피를 내리거나, 시럽을 짜는 등 많은 작업을 해요. 이것들은 모두 자동화되어 있어요.

카페에는 다양한 메뉴가 있어요. 8개 품목으로 가격도 저렴하고 음료도 맛있어요.

"로봇이 커피를 만들어 주는 게 놀라워요."

"가격이 저렴해서 또 이용하고 싶습니다."

이처럼 대부분의 반응이 긍정적이에요.

 기사 더 알아보기

1. 맞으면 O, 틀리면 X를 쓰세요.
- 바리스브루는 주문한 음료를 만들기 위해 많은 작업을 해요. ☐
- 카페에는 주문할 수 있는 메뉴가 매우 한정적이에요. ☐
- 카페의 음료는 가격도 저렴하고 음료도 맛있다는 평을 받아요. ☐

2. 다음 문장의 빈칸을 영어로 채워 보세요.
- The robot does many ☐☐☐☐☐s, such as ☐☐☐ing ice or water, ☐☐☐☐ing coffee, or squeezing syrup.

  로봇은 얼음이나 물을 추가하거나, 커피를 내리거나, 시럽을 짜는 등 많은 작업을 해요.

- Most reactions to Barisbrew are ☐☐☐☐☐☐☐☐☐.

  바리스브루에 대한 대부분의 반응이 긍정적이에요.

3. 본문을 참고하여 다음 문장을 작성해 보세요.

_____

- 이것들은 모두 자동화되어 있어요.

_____

- 가격도 저렴하고 음료도 맛있어요.

- 로봇이 커피를 만들어 주는 게 놀라워요

4. 깊이 탐구해 보세요.

- 단순한 작업을 로봇이 대체해가고 있는 상황에 대해서 어떻게 생각하나요? 그 이유도 함께 써 보세요.

단어 배우기

• through : ~을 통하여	• kiosk : 무인 단말기	• task : 일
• brew : (커피, 차 등을) 끓이다	• squeeze : 짜다	• automated : 자동화된
• cheap : 값이 싼		

나는야 초등 뉴스왕
ELEMENTARY NEWS KING

부록

- 기사별 연계 교과 알아보기
- 정답

기사별 연계 교과 알아보기

3학년부터 6학년까지의 초등 영어 교과와 연계되는 신문 기사 39편을 통해 우리 사회에서 일어나는 다양한 일들을 알아보며 학업 성취도까지 함께 올려 보세요.

3학년

Lesson	제목	쪽수
1. Hello!	Goodbye, Fu Bao. Welcome home, Fu Bao ①, ②	12
2. Oh, It's a Ball!	It's a work of art. It's not a banana ①, ②	20
3. Sit Down, Please	The newly developed robot 'Figure 01' ①, ②	48
4. How Many Apples?	How many new students? Only one new student ①, ②	40
5. I Have a Pencil	I have a pet stone. Pet stone for peace of mind ①, ②	44
6. What Color Is It?	What color is the track? About the 2024 Paris Olympics ①, ②	16
7. I Like Chicken	I like 'Buldak'. Why did buldak become popular overseas? ①, ②	62
8. It's Very Tall!	Blue whales are very big. The largest animal on Earth ①, ②	36
9. I Can Swim	A special flight team, The Black Eagles ①, ②	24
10. She's My Mom	Who is Jungkook? The legend of K-pop ①, ②	32
11. Look! It's Snowing	It's too hot and it's raining too much ①, ②	70

*쪽수는 ①번 기사 기준으로 표기했어요.

 4학년

Lesson	제목	쪽수
1. My Name Is Eric	My name is Ohtani. The baseball genius, Ohtani ①, ②	28
2. Let's Play Soccer	Let's reduce food waste. Too much food waste ①, ②	112
3. I'm Happy	Emergency! New emotions come rushing in! ①, ②	54
4. Don't Run!	Don't play ball in the Children's Park ①, ②	58
5. Where Is My Cap?	Where is the cat? It's in the box ①, ②	74
6. What Time Is It?	It's time for lunch. Best time to have lunch ①, ②	82
7. Is This Your Watch?	Is this your card? Finding the card owner for 300 won ①, ②	90
8. I'm a Pilot	Introducing doctor boxer Seo Ryeokyung ①, ②	104
10. How Much Is It?	How much is an apple? It becomes a real 'golden apple' ①, ②	66

5학년

Lesson	제목	쪽수
1. Where Are You From?	I'm from the Congo, but I want to be Korean ①, ②	146
2. What Do You Do on Weekends?	What do you do on weekends? Traveling with my pet ①, ②	78
3. May I Sit Here?	May I help you? Small good deeds make great happiness ①, ②	120
4. Whose Sock Is This?	Whose treasures are those? ①, ②	134
5. I'd Like Fried Rice	May I take your order? Amazing coffee-making robot ①, ②	188
6. What Will You Do This Summer?	"I will travel by train on the moon." Building a railroad on the moon ①, ②	96
7. I Visted My Uncle in Jeju-do	Finding dinosaur bone fossils on vacation ①, ②	124
8. How Much Are The Shoes?	How much is the shirt of 'fast fashion'? ①, ②	108
10. What a Nice House!	What a beautiful palace! The Palace of Versailles ①, ②	100

6학년

Lesson	제목	쪽수
1. What Grade Are You In?	The 12th best soccer player in the world Son Heungmin ①, ②	86
3. When Is The Club Festival?	When is the World Water Day? It's March 22nd ①, ②	152
4. Where is The Post Office?	Where is Guyana? World's largest deep-sea oil field ①, ②	128
5. I'm Going To See a Movie	It is going to be completed in 2026. The Sagrada Familia ①, ②	182
6. He Has Short Curly Hair	She has dark skin. "Juliet is black?", "Not my Ariel." ①, ②	164
7. How Often Do You Eat Breakfast?	How often do you use the KakaoTalk application? ①, ②	116
8. I'm Taller Than You	It is more expensive than lobster. About batinomus ①, ②	140
9. What Do You Think?	What do you think about students' use of smartphones? ①, ②	170
10. Who Wrote The Book?	Faker, the living legend of LoL ①, ②	158
11. We Should Save The Earth	We should protect the environment. Rusty rivers in Alaska ①, ②	176

정답

기사와 함께 제시된 문제를 풀어 보고 답을 확인해 보세요. OX를 맞추는 문제와 빈칸에 알맞은 영어 단어를 써놓는 문제, 영어 작문 문제는 정해진 답이 있지만, 기사를 통해 더 많은 생각을 해 보며 탐구하는 서술형 문제는 아래로 제시해 드리는 예시 답변 외에도 수많은 정답이 있어요. 질문에 대한 자신만의 생각을 자유롭게 써 보세요.

 뉴스 읽기 초보

- **Goodbye, Fu Bao.**
  Welcome home, Fu Bao ①

1. O, X
2. first/joy, happiness
3. 모든 판다는 대여만 가능할 뿐, 사실은 중국의 소유예요. 푸바오는 4살이 되어 중국의 정책에 따라 반환이 되었어요.

- **Goodbye, Fu Bao.**
  Welcome home, Fu Bao ②

1. X, O
2. Goodbye/welcome
3. 살아 있는 생명을 외교를 위한 수단으로 사용해 물건처럼 주고받는 것은 윤리적인 문제가 있는 것 같아요. 또, 임대를 받는 입장에서는 비싼 대여료를 중국에 지불해야 하고 유지비도 많이 들어가서 문제가 될 수 있을 것 같아요.

- **What color is the track?**
  About the 2024 Paris Olympics ①

1. O, X
2. Traditionally, brick, red/purple
3. 올림픽이 처음 시작된 곳은 고대 그리스였어요. 기원전 776년에 그리스의 올림피아라는 도시에서 처음 열렸다고 해서 '올림픽'이라는 이름이 붙었죠. 올림픽의 의의는 여러 가지가 있지만, 가장 중요한 것은 평화와 우정을 나누는 거예요. 올림픽에서는 전 세계 사람들이 함께 모여서 경쟁하지만, 동시에 서로를 이해하고 존중하죠. 이를 통해 사람들은 다른 나라와 문화에 대해 더 잘 알게 되고, 전 세계가 하나가 되는 기분을 느낄 수 있어요.

- **What color is the track?**
  About the 2024 Paris Olympics ②

1. O, X
2. landscape, come, to, mind/purple
3. 흑인 야구 선수 재키 로빈슨은 야구는 백인만 할 수 있다는 편견을 깨부수고 당당히

메이저리그에 입성해 우수한 성적을 거뒀어요. 편견은 깨트리는 순간, 아무것도 아닌 게 돼요.

- **It's a work of art. It's not a banana ①**

1. O, X
2. work, art/attach, wall
3. 벽에 붙은 바나나는 미술이 맞다고 생각해요. 이전까지 아무도 그런 식으로 표현을 하지 않았고, 작품을 관람하는 사람들에게 생각할 거리를 줬기 때문이에요.

- **It's a work of art. It's not a banana ②**

1. X, X
2. ordinary/famous
3. 쓰레기통 옆면에 큰 구멍을 뚫어놓은 뒤, 쓰레기를 채울 거예요. 그리고 관객들이 작품을 쓰레기통으로 이용하게 둘 거예요. 쓰레기가 찰수록 주변은 더러워지겠죠. 작품 제목은 〈더 둘 곳이 없어요!〉예요.

- **A special flight team, The Black Eagles ①**

1. O, X
2. paint/fantastic
3. 블랙이글스는 멋진 비행 공연을 통해 국민들에게 자부심을 심어주고, 국내외에서 고도의 비행 기술과 팀워크를 선보여 우리나라 공군의 위상을 높이려는 목적을 가지고 있어요.

- **A special flight team, The Black Eagles ②**

1. O, O
2. flip/performance
3. 알맞은 그림을 그려 보세요.

- **My name is Ohtani. The baseball genius, Ohtani ①**

1. X, O
2. introduce/Japanese, baseball
3. 오타니 쇼헤이 선수는 자신의 기술을 향상시키기 위해 끊임없이 훈련하고 노력했어요. 그의 성공 뒤에는 피나는 노력과 엄격한 자기 관리가 있었던 거죠. 게다가 어떠한 상황에서도 정신적으로 흔들리지 않는 모습을 보여줘요. 이런 모습들을 닮고 싶어요.

- **My name is Ohtani. The baseball genius, Ohtani ②**

1. X, O
2. perfect/genius
3. 제 꿈은 우주 비행사가 되는 거예요. 우주 비행사가 되기 위해서는 원활한 의사소통을 위해 영어를 잘해야 하고, 여러 시험을 통해 자신을 증명해야 해요. 또한, 신체 조건도 좋아야 된답니다. 저는 꿈을 이루기 위해 매일 영어 말하기 연습을 하고, 1시간씩 달리기를 할 거예요. 그리고 나머지 시간에는 공부를 해서 좋은 성적을 내고 싶어요.

- Who is Jungkook?
  The legend of K-pop ①
1. O, X
2. member/first
3. 여러 이유가 있겠지만 몇 개만 꼽아 보자면 잘 짜여진 안무와 화려하고 특색 있는 뮤직비디오, 공감하기 쉬운 주제, 탄탄한 실력 덕분인 것 같아요.

- Who is Jungkook?
  The legend of K-pop ②
1. O, O
2. secret/excellent
3. 많은 외국인 관광객들이 K팝 관련 관광지를 방문하게 되었어요. 이를 통해 우리나라의 문화를 알릴 수 있게 되었죠. 또한 전 세계적으로 우리나라에 대한 인지도가 높아졌어요. 많은 사람들이 한국에 대해 더 많이 알고 관심을 가지게 된 거예요.

- Blue whales are very big.
  The largest animal on Earth ①
1. O, X
2. largest/quickly
3. 크릴새우는 극지방에 대량으로 분포해서, 대왕고래가 서식하는 곳에서 쉽게 마주칠 수 있어요. 몸집은 작지만 영양가가 높아 대왕고래가 에너지를 공급하는 데 효율적이에요.

- Blue whales are very big.
  The largest animal on Earth ②
1. O, X
2. disappear/Indian, Ocean
3. 국가 차원에서 멸종 위기 동물을 보호하는 방법은 보호 구역을 지정하는 것, 서식지를 복원하는 것, 교육을 통해 멸종 위기 동물에 대한 관심을 촉구하는 것 등이 있어요. 개인적 차원에서는 우리가 버리는 쓰레기가 환경을 오염시킨다는 사실을 기억하는 것, 무분별하게 쓰레기를 버리지 않는 것 등이 있어요.

- How many new students?
  Only one new student ①
1. O, X
2. How, many/one, year
3. 같이 이야기할 아이들이 아무도 없어 쉬는 시간에 심심할 것 같아요. 여럿이서 하는 활동이나 학습도 진행하지 못할 것 같고, 노는 것도 어려울 것 같아요.

- How many new students?
  Only one new student ②
1. X, O
2. excited/decreasing
3. 아이들의 숫자가 줄어들면 학교도 줄어들고, 국가의 경쟁력도 약해져요. 또 농촌이나 소도시의 인구가 줄어들면서 지역 사회가 붕괴되고, 지역 경제가 어려워질 수 있어요. 국가에서 부모들과 아이를 위한 지원 정책을 많이 만들어 출생률을 높일 수 있으면 좋겠어요.

- **I have a pet stone.**
  Pet stone for peace of mind ①

1. O, X
2. rock/take, care, of
3. 돌은 먹이를 주거나 물을 줄 필요가 없고, 병에 걸리지도 않기 때문에 관리가 매우 쉬워요. 게다가 산책이나 목욕 같은 추가적인 관리도 필요하지 않아요. 개나 고양이 같은 반려동물처럼 사료, 장난감, 병원비가 필요하지도 않죠.

- **I have a pet stone.**
  Pet stone for peace of mind ②

1. X, O
2. peace/change
3. 강아지를 기르고 싶어요. 강아지와 산책도 하고, 뛰어 놀기도 하고, 같이 사진도 찍고 싶어요. 무엇보다 많이 쓰다듬어 주고 싶어요. 친구의 집에서 강아지를 쓰다듬어 준 적이 있는데 무척 따듯하고 복슬복슬해서 기분이 좋았거든요.

- **The newly developed robot 'Figure 01' ①**

1. O, X
2. pick, up/develop
3. 인공지능 로봇이 청소, 요리, 세탁 등의 일을 해 주고 교육도 시켜 줄 수 있을 것 같아요. 반복적이고 시간이 많이 드는 업무를 모두 로봇이 처리하면서 사람들은 더 많은 시간을 여가 생활에 사용할 수 있을 것 같아요. 이런 변화들은 우리의 삶을 더 편리하고 안전하게 만들 수 있지만, 동시에 사람들의 일자리가 줄어들거나 해킹 같은 문제가 생길 수도 있어요.

- **The newly developed robot 'Figure 01' ②**

1. X, O
2. talk/like
3. 인공지능이 발전하면 사람들의 일이 더욱 편리해질 수 있어요. 실제로 인공지능은 이미 다양한 분야에서 쓰이고 있고, 근무 시간을 단축시켜준다고 해요. 하지만 사람들의 일자리가 사라지고, 기술이 발달하며 새로운 문제들이 등장할 수도 있어요. 어느 쪽이든 타당한 근거가 있기 때문에 인공지능으로 인해 사람들이 행복해질지, 불행해질지는 조금 더 지켜봐야 할 것 같아요.

뉴스 읽기 기본

- Emergency!
  New emotions come rushing in! ①

1. O, X

2. emotion, Joy, Sadness, Fear, Anger, Disgust, character/add

3. 사춘기가 된 주인공 라일리에게 '불안', '당황', '따분', '부러움'과 같은 감정이 생기면서 많은 변화가 시작될 것 같아요. 친구들과의 관계, 다른 사람에게 보이는 자기 자신의 모습을 특히 더 신경 쓰게 될 거예요.

- Emergency!
  New emotions come rushing in! ②

1. X, O

2. experience/anxiety, embarrassment, envy, ennui

3. 지금 가지고 있는 감정은 기쁨이에요. 곧 가족여행을 가기로 했기 때문이에요. 하지만 가족여행을 기다리는 건 따분해요. 어머니와 아버지가 바쁘셔서 정말 가족여행을 갈 수 있을지 걱정되기도 하고요. 가끔은 감정 여러 개가 동시에 느껴지는 것 같아요.

- Don't play ball in the
  Children's Park ①

1. O, X

2. play, soccer, baseball/prohibit

3. 놀 수 있는 장소가 안 그래도 적은데, 점점 줄어들고 있는 것 같아 슬펐어요. 아이들이 놀 곳이 없어 어쩔 수 없이 길거리 같은 곳에서 공놀이를 하다가 다칠 수도 있을 것 같아요.

- Don't play ball in the
  Children's Park ②

1. X, O

2. make sense/significant

3. 아이들이 공원에서 놀 수 있는 공간이 부족한데, 무작정 공놀이를 금지하는 건 좋은 해결책이 아닌 것 같아요. 아이들이 자유롭게 뛰어놀 수 있도록 놀이 시간을 지정해 놓아서 모두가 공원을 즐길 수 있게 하면 좋겠어요.

- I like 'Buldak'. Why did buldak become
  popular overseas? ①

1. O, X

2. spicy/popular

3. 불닭 라면은 매운 맛으로 유명해요. 이 매운맛은 도전 의식을 자극했고, 많은 사람들이 불닭 라면을 먹는 영상을 소셜미디어에 올리도록 만들었어요.

- I like 'Buldak'. Why did buldak become
  popular overseas? ②

1. X, O

2. Frozen/overseas

3. 떡볶이에 치즈나 크림소스를 넣어 매운맛과 느끼한 맛을 동시에 잡아요. 아예 매운 맛을 빼고 간장 소스를 활용해서 간장 떡볶이

를 홍보하는 것도 좋을 것 같아요. 혹은 비빔밥에 고추장 대신 달콤한 소스를 넣어서 진입 장벽을 줄이는 것도 방법일 것 같아요.

- **How much is an apple? It becomes a real 'golden apple' ①**

1. X, O
2. double/golden
3. 사과는 기상 조건에 큰 영향을 받아요. 지구온난화로 한국의 기후가 바뀌고 농사를 지을 수 있는 땅과 농부들이 줄어들며 사과의 값이 폭등하게 되었어요.

- **How much is an apple? It becomes a real 'golden apple' ②**

1. X, O
2. weather, disaster/temperature
3. 대형 마트와 협력하여 상품 가치가 다소 떨어지지만 여전히 먹을 수 있고 신선한 과일들을 저렴하게 판매하면 좋을 것 같아요.

- **It's too hot and it's raining too much ①**

1. O, X
2. sandstorm/hot
3. 2024년 7월 30일, 스페인 바르셀로나의 최고 기온은 40도로, 42년 만에 최고 기록을 갱신했어요. 그런데 같은 날인 7월 30일, 인도에서는 폭우로 대형 산사태가 발생해 170명이 넘는 사상자가 나왔죠. 한쪽에서는 더위 때문에, 한쪽에서는 비 때문에 큰 피해를 입었어요. 이렇듯, 세계 곳곳에서 이상 기후로 인한 피해가 속출하고 있답니다.

- **It's too hot and it's raining too much ②**

1. O, X
2. southern/northern
3. 사용하지 않는 전자 제품의 코드는 빼고, 가까운 거리를 이동할 때는 걷거나 자전거를 이용해서 움직여요. 여름철에는 필요 이상으로 에어컨 온도를 낮게 설정하지 말아야 해요.

- **Where is the cat? It's in the box ①**

1. X, O
2. delivery/discover
3. 눈을 뜨니 상자가 닫혀 있었어. 곧 상자가 흔들리기 시작했지. 처음에는 조금 무서웠지만, 금방 익숙해졌어. 나는 낯선 곳에 도착했어. 여기저기 낯선 냄새가 났어. 온라인 쇼핑몰 직원이 상자를 열었을 때, 나는 눈을 크게 뜨고 그를 바라보았어. 그는 나를 보고 깜짝 놀라며 주인에게 연락했어.

- **Where is the cat? It's in the box ②**

1. O, O
2. pack/easily
3. 온라인 쇼핑몰 직원이 고양이를 발견해 동물병원으로 데려갔고, 몸 안에 있는 마이크로칩 덕분에 주인에게 돌아갈 수 있었어요.

- **What do you do on weekends? Traveling with my pet ①**

1. O, X

2. weekend/travel

3. 찬성: 반려동물이 기내에 탑승하는 게 화물칸에 탑승하는 것보다 안전해요. 게다가 스트레스도 덜 받죠. 게다가 반려동물과 함께 더 많은 시간을 보낼 수 있어 여행의 즐거움이 더해져요.

반대: 비행기에 타는 승객이 반려동물 털에 알레르기가 있을 수 있어요. 게다가 비행기 내부는 공간이 좁아 반려동물이 승객들의 이동이나 편안한 여행에 방해가 될 수 있어요.

- **What do you do on weekends?**
  Traveling with my pet ②

1. O, O

2. flight/common

3. 반려동물과 비행기를 함께 타면 항공권을 할인해줘요. 그리고 반려동물과 함께 뛰어 놀 수 있는 장소, 반려동물이 출입 가능한 식당 등을 여행 일정에 넣어요. 반려동물을 배려한 숙박시설도 만들고 싶어요. 시설 안에는 반려동물 전용 침대와 놀이용품을 둘 거예요. 또, 반려동물들이 자유롭게 뛰어 놀 수 있는 안전한 놀이터도 만드는 게 좋을 것 같아요.

- **It's time for lunch.**
  Best time to have lunch ①

1. O, X

2. breakfast/lunch

3. 저는 밥을 느리게 먹는 편이라 아침 일찍 일어나야 해요. 하지만 학원 시간 때문에 저녁은 8시 30분 이후에 먹는 편이에요. 저녁을 먹은 뒤에는 과자 같은 간단한 간식을 먹기도 해요.

- **It's time for lunch.**
  Best time to have lunch ②

1. X, O

2. Control/finish, meal

3. 정해진 시간에 아침밥과 점심밥을 챙겨 먹는 건 좋은 습관이에요. 하지만 저녁을 늦게 먹는 건 좋지 않은 습관이죠. 그 이후에 먹는 간식도 조금은 줄여야겠어요.

- **The 12th best soccer player in the world Son Heungmin ①**

1. O, O

2. rank/striker

3. 손흥민 선수는 아시아 선수 최초로 프리미어 리그 100번째 골을 넣었어요. 프리미어 리그 이달의 선수상을 네 번 수상했고, 2018년에는 아시안 게임에서 금메달을 따기도 했어요.

- **The 12th best soccer player in the world Son Heungmin ②**

1. X, O

2. surpass/top, place

3. 제 롤모델은 이순신 장군이에요. 제가 본받고 싶은 점은 이순신 장군의 결단력, 그리고 어려운 상황에서도 포기하지 않고 끝까지 싸운 의지예요. 저도 이순신 장군처럼 용기와 지혜를 갖추고, 어려운 상황에서도 포기하지 않는 사람이 되고 싶어요.

- Is this your card? Finding the card owner for 300 won ①

1. O, X

2. return/bought

3. 예전에 길에 떨어진 지갑의 주인을 찾아준 적이 있어요. 물건을 찾은 아저씨의 표정을 보니 앞으로도 누군가의 물건을 주우면 꼭 주인에게 돌려줘야겠다는 생각이 들었어요.

- Is this your card? Finding the card owner for 300 won ②

1. O, O

2. found/thankful

3. 비가 많이 오는 날이었어요. 우산을 가지고 오지 않아서 학교에서 집까지 비를 맞고 가야 했어요. 그런데 학교 출구에서 한 친구가 저를 보고 자기는 우산이 2개라며 우산을 빌려주었어요. 그날 저는 작은 배려 하나가 얼마나 큰 도움과 따뜻함을 줄 수 있는지 깨닫게 되었어요.

뉴스 읽기 심화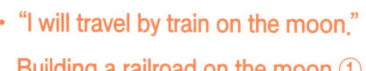

- "I will travel by train on the moon."
  Building a railroad on the moon ①

1. X, O

2. I will travel by train on the moon./It will be possible to carry people, goods on the moon.

3. 철도를 통해 필요한 자원을 쉽게 운송할 수 있게 되면 달에 더 많은 건물을 건설할 수 있게 돼요. 달에 거주하는 사람들이 생기고, 마을과 도시가 생길 수도 있어요.

- "I will travel by train on the moon."
  Building a railroad on the moon ②

1. O, X

2. They plan to send humans to the moon in the future./We will live and travel by train on the moon.

3. 달에는 지구에 적은 수많은 희귀 자원들이 있어요. 또한, 화성이나 더 먼 우주 탐사를 위해 달에서 여러 준비를 할 수 있어요. 달 탐사가 이뤄지려면 정부에서 지원을 더 많이 해야 하고, 우주 관련 기술을 개발해야 해요.

- What a beautiful palace!
  The Palace of Versailles ①

1. O, X

2. The Palace of Versailles is a royal palace in Versailles, France./There are hundreds of rooms in the palace.

3. 루이 14세는 베르사유 궁전을 통해 베르사유를 프랑스의 정치, 문화, 사교의 중심지로 만들고자 했어요. 베르사유 궁전의 안에는 왕의 권력을 과시하기 위한 화려한 방과, 정원과 분수가 있답니다. 1979년, 베르사유 궁전은 역사적 가치와 아름다움을 인정받아 유네스코 세계문화유산으로 지정되었어요.

- What a beautiful palace!
  The Palace of Versailles ②

1. O, O

2. There is also the most famous room, 'The Hall of Mirrors,' on the second floor./There is a large garden behind the palace.

3. 루이 14세는 베르사유 궁전을 건설하고 확장하는 데 엄청나게 많은 돈을 썼어요. 궁전에서는 파티가 열렸지만 백성들은 굶주렸답니다. 이러한 점에서 루이 14세는 훌륭한 군주는 아니었어요.

- Introducing doctor boxer
  Seo Ryeokyung ①

1. O, X

2. During the day, she is a warm and gentle doctor./After work, she becomes a boxer.

3. 찬성: 직업을 두 개 가지는 건 좋은 생각 같아요. 여러 직업을 가지면 다양한 경험을 할 수 있기 때문에 다양한 지식을 쌓을 수 있을

거예요.

반대: 직업을 두 개 가지는 것보다는 한 분야에 집중하는 것이 좋을 것 같아요. 여러 개를 동시에 하는 것보다 하나에 집중하는 것이 더 효율적이기 때문이에요.

- **Introducing doctor boxer Seo Ryeokyung ②**

1. X, O
2. Seo Ryeokyung became the Korean women's champion./I just do my best with the choices I make.
3. 저는 어려서부터 에세이 작가가 되고 싶었어요. 자신에게 일어난 일을 글로 쓴다는 게 너무 멋있어 보였거든요. 꿈을 이루기 위해 매일 책을 읽고 그날 있었던 일을 일기에 적고 있어요.

- **How much is the shirt of 'fast fashion'? ①**

1. O, X
2. It pollutes the environment./France is planning to make a fast fashion law.
3. 저는 예쁜 옷이 있으면 엄마한테 사 달라고 졸라요. 그런데 막상 입는 옷은 정해져 있답니다. 다음부터는 예쁜 옷을 보아도 자주 입을지 아닐지를 먼저 생각해 봐야겠어요.

- **How much is the shirt of 'fast fashion'? ②**

1. X, O
2. They will have to pay a 5 euro tax./These brands won't even be allowed to advertise.
3. 필요하지 않은 옷을 충동적으로 구매하는 습관을 없애고, 계획적으로 옷을 사요. 입지 않는 옷은 버리지 말고 대신 기부하도록 해요.

- **Let's reduce food waste. Too much food waste ①**

1. X, O
2. 800 million people around the world are starving./Every day, $1 trillion worth of food is thrown away.
3. 함부로 버려지는 음식물 쓰레기는 메탄가스를 발생시키면서 지구온난화를 가속시켜요. 생태계가 파괴되고 처리하는 데에 비용도 많이 들죠. 저는 음식을 남기는 편인데, 음식물 쓰레기를 줄이기 위해서 앞으로 주의해야겠어요.

- **Let's reduce food waste. Too much food waste ②**

1. X, O
2. Most food waste is created at home./Let's reduce food waste to help the environment.
3. 음식을 필요한 만큼만 요리하고, 남은 음식은 다음 식사에 활용하면 좋을 것 같아요. 또한, 배달 음식을 적게 시키고, 집에서 요리하는 빈도를 늘려 남기는 음식을 줄이는 것도 방법이에요.

- **How often do you use the KakaoTalk application? ①**
1. O, X
2. The KakaoTalk application was the most used application by Koreans last year./KakaoTalk is widely used by all generations.
3. 초등학생들에게 카카오톡은 유익하다고 생각해요. 다양한 정보와 공부에 필요한 자료를 쉽게 공유할 수 있기 때문이에요. 하지만 지나치게 사용하지 않도록 부모님의 적절한 지도도 필요하다고 생각해요.

- **How often do you use the KakaoTalk application? ②**
1. X, O
2. Naver is the second most used application./The total usage time of YouTube is longer than KakaoTalk.
3. 제가 제일 오랜 시간 사용하는 애플리케이션은 유튜브예요. 유튜브는 다양한 학습 자료와 강의 영상이 많아 공부할 때 유용하거든요. 그 외에 휴식을 위해 개그 영상을 시청하거나, 뉴스를 볼 때 사용을 하기도 해요.

- **May I help you? Small good deeds make great happiness ①**
1. O, O
2. They helped the old man./The students straightened the cart and cleaned up the spilled paper.
3. 비가 오던 어느 날 우산 없이 무거운 장바구니를 들고 가는 어르신을 보았어요. 그래서 저는 어르신께 다가가 우산을 씌워드렸어요. 저는 어르신의 장바구니도 대신 들어드리고, 집까지 안전하게 모셔다 드렸어요. 어르신이 고맙다는 말을 해주셨는데, 몹시 기분이 좋았어요.

- **May I help you? Small good deeds make great happiness ②**
1. O, X
2. A child saw this and hold an umbrella for him./Small good deeds make great happiness.
3. '작은 선행이 큰 행복을 만든다'는 말은 우리가 일상에서 베푸는 작은 친절과 배려가 사람들에게 큰 기쁨과 감동을 줄 수 있다는 의미예요. 꾸준히, 조금씩이라도 선행을 하면 세상은 조금 더 좋은 곳이 될 거예요.

- **Finding dinosaur bone fossils on vacation ①**
1. O, O
2. It was an amazing vacation./Three children in the U. S. found dinosaur bone fossils on vacation.
3. 지난 방학에 저는 가족들과 함께 2박 3일 동안 제주도에 갔어요. 첫째 날에는 시장을 돌아다녔고, 둘째 날에는 올레길을 따라 제주도의 자연 경관을 감상했어요. 그리고 마지막 날에는 수영을 하며 놀았어요. 정말 멋진 방

학이었어요.

- **Finding dinosaur bone fossils on vacation ②**

1. X, O

2. It was a bone of a dinosaur./Fossils of T. rex are extremely rare.

3. 겨울방학이 시작되면, 가장 먼저 가족들과 함께 갈 스키장을 정할 거예요. 스키장을 정한 후에는 숙소와 스키 장비를 미리 예약할 거예요. 스키장에 가서는 마음껏 스키를 타고 놀고, 눈썰매도 타보고, 사진도 찍고, 맛있는 것도 많이 먹고 싶어요.

- **Where is Guyana?**
  World's largest deep-sea oil field ①

1. X, O

2. Oil might be discovered in our country./Guyana has the world's largest deep-sea oil field.

3. 석유를 팔 수도, 싼 가격에 살 수도 있으니 경제가 좋아질 거예요. 석유를 캐기 위해 여러 기술을 발전시키고, 개발하게 되면서 새로운 회사들과 직장이 많이 생길 거예요.

- **Where is Guyana?**
  World's largest deep-sea oil field ②

1. X, O

2. In the past, agriculture was the main industry./Thanks to oil production, it has become one of the fastest growing countries.

3. 가이아나는 세계에서 가장 빠르게 성장하는 나라들 중 하나가 되었어요. 국제 석유 회사들이 대규모 투자를 통해 석유 생산을 하고 있고, 이에 따라 다양한 시설들이 들어서고 있어요. 병원, 학교, 도로, 항구가 건설되고 있죠. 하지만 개발로 인한 환경 문제와 사회적 불평등이 심화되고 있기도 해요.

뉴스 읽기 완성

- **Whose treasures are those? ①**

1. O, O, X
2. value, treasure/government
3. An underwater treasure ship has been discovered./The value of the treasure on board is about 20 billion dollars./It is said that this ship sank in the Caribbean.
4. 인도는 한때 영국의 통치를 받았어요. 그 과정에서 영국인들은 인도의 보물을 자신들의 나라로 가져갔는데, 그중 가장 유명한 게 바로 '빛의 산'이라는 뜻을 가진 '코이누르'라는 이름의 다이아몬드예요. 이 다이아몬드는 현재 영국 왕실의 왕관에 장식되어 있어요. 인도 정부는 보물을 돌려줄 것을 요구하고 있답니다.

- **Whose treasures are those? ②**

1. O, X, O
2. information/promise, half, of
3. They found it elsewhere in 2015./If the ship is raised, who gets the treasure?/All of them say that they should receive the treasure.
4. 보물의 소유 문제는 복잡한 법적, 역사적, 윤리적 요소들이 얽혀 있어 다양한 측면을 고려해야 돼요.
국제법적인 측면으로 본다면, 침몰 선박의 보물은 침몰된 해역의 주인이 가져갈 수 있다고 해요. 배가 콜롬비아의 해역에서 침몰했기 때문에 보물은 콜롬비아의 소유가 될 가능성이 있어요.
윤리적 측면에서 보자면 본래 보물이 있었던 곳은 볼리비아였기 때문에 볼리비아에서 소유권을 주장하는 것도 타당성이 있어요.
또한 보물을 실은 배의 주인은 스페인이었기 때문에 스페인에게도 소유권을 주장할 권리가 있죠.
미국 회사가 최초로 정보를 제공했기 때문에 미국 회사에게 소유권이 있다고 볼 수도 있어요.

- **It is more expensive than lobster.
  About batinomus ①**

1. O, O, X
2. chewy, savory/purchase, for, a, while
3. It looks disgusting./It is said to be more delicious than lobster./It is sold as soon as it is put on the market.
4. 바티노무스는 심해에서 살고 있어요. 주로 310m에서 2,140m 깊이의 차가운 해양에서 발견돼요. 보통 19~36cm까지 자라지만 어떤 개체는 50cm까지도 자라요. 바티노무스는 두꺼운 껍질과 많은 다리를 가지고 있으며, 주로 죽은 물고기와 해양 동물의 사체를 먹어요.

- **It is more expensive than lobster.
  About batinomus ②**

1. O, X, O

2. cockroach/against, solve

3. The taste is fantastic./They are not farmed./It is difficult to catch them, so they're expensive.

4. 찬성: 먹어도 된다고 생각해요. 맛있고, 양도 많으니 잡을 수만 있다면 먹어도 돼요.
반대: 먹을 필요 없다고 생각해요. 바티노무스는 해양 생태계에서 중요한 청소부 역할을 해요. 바티노무스를 너무 많이 먹으면 해양 생태계에 부정적인 영향을 미칠 수 있어요.

- **I'm from the Congo, but I want to be Korean ①**

1. X, O, O

2. settle, refugee/flee

3. He is from the Democratic Republic of the Congo./Jonathan came to South Korea with his family when he was 8 years old./He is trying to become a real Korean now.

4. 유엔난민기구에 따르면 2023년 기준 난민이 1억 2천만 명이라고 해요. 러시아가 우크라이나를 침공하며 고향을 잃은 우크라이나인들과 내전 때문에 나라를 떠난 시리아인들로 인해 숫자가 크게 올라갔어요. 난민들은 정착할 곳이 없기 때문에 잘 곳을 구하는 것도 쉽지 않고, 경제 활동도 어려워요.

- **I'm from the Congo, but I want to be Korean ②**

1. X, O, O

2. without, protection/accept, protect

3. Thanks to the warmth of my friends and people around me, I came to love Korea more./I thought that I should become a Korean citizen./To me, Korea means more than just a place to live.

4. 찬성: 난민들은 전쟁, 자연재해 등으로 고통받는 사람들이에요. 난민들을 돕는 건 의무이고, 국제 사회의 책임이에요. 또한, 난민들이 사회에 다양한 문화를 도입하고, 경제 활동을 시작하면 우리나라에 이득이 될 수 있어요.
반대: 난민은 수용하는 데에 경제적 부담이 들어요. 주거, 의료, 교육 등 다양한 지원이 필요하기 때문이에요. 게다가 문화적 차이와 종교적 차이가 있기 때문에 사회적 갈등이 심화될 수 있어요.

- **When is the World Water Day? It's March 22nd ①**

1. X, O, X

2. severe, shortage/protect, improve

3. March 22nd is World Water Day./Rivers and seas are becoming more polluted./The water we can drink is decreasing.

4. 양치할 때 컵을 사용해서 물을 아껴요. 그리고 불필요하게 오랫동안 샤워하지 않도록 주의해요. 마지막으로 식당에서 물을 마실 때 한 번에 너무 많은 양을 따라 물을 버리는 일이 없도록 해요.

- **When is the World Water Day?**
  It's March 22nd ②
1. O, X, O
2. worldwide, access/realize, resource
3. Water is the source of our life./No living things can survive without water./It is our responsibility to protect water together.
4. 폐수 처리 시설을 확충해서 물을 최대한 많이 정화해야 돼요. 최신 기술을 도입해 물 사용 효율을 높이고 학교에서 물 절약 교육을 실시해야 해요. 또한, 기후 변화에 대응할 정책을 마련해야 해요.

- **Faker, the living legend of LoL ①**
1. O, X, O
2. greatest, player/competition
3. Faker won the World Championship four times./Faker recently achieved his 600th set win./He has several more records.
4. 페이커는 월드 챔피언십에서 유일무이하게 4번 우승한 선수예요. 한국 리그인 LCK에서는 10번의 우승과 600번의 승리를 기록하며, 리그 역사상 가장 많은 승리를 거둔 선수이자 가장 많이 우승한 선수가 되었어요. 2022년 항저우 아시안 게임에서는 금메달을 땄고 2024년에 사우디아라비아에서 열린 Esports World Cup 초대 우승자가 되었어요.

- **Faker, the living legend of LoL ②**
1. O, O, X
2. excellent/positive, influence
3. I will work harder to spread a positive influence,/I heard many people are inspired by me./He is a living legend of LoL.
4. 페이커는 10년이 넘는 기간 동안 자신의 실력을 갈고 닦는 데에 소홀하지 않았어요. 뛰어난 재능에 꾸준한 노력이 합쳐졌고, 팀 내 리더의 역할도 훌륭하게 수행했어요. 게다가 긍정적인 태도로 팬들과 소통하며, 사회적으로도 좋은 영향력을 끼치려고 했죠. 즉, 페이커의 성공은 단순한 게임 재능뿐만 아니라, 꾸준한 자기 개발, 팀워크, 긍정적인 태도와 사회적 책임감 등 다양한 요소를 결합한 결과예요.

- **She has dark skin.**
  "Juliet is black?", "Not my Ariel." ①
1. O, O, X
2. Comment/support, at, all, costs
3. Black actress was cast as Juliet in the play 〈Romeo and Juliet〉./Then, some people claimed "A black actress should not play Juliet"./Please stop racism.
4. 캐스팅 찬성: 예술은 다양한 목소리와 경험을 반영하는 것이 중요해요. 흑인 배우가 줄리엣을 연기함으로써 연극과 영화는 더 다양한 관점과 배경을 반영할 수 있거든요. 인종에 관계없이 훌륭한 연기력을 가진 배우라면 다양한 배역을 소화할 수 있어요.
캐스팅 반대: 백인 인물을 흑인으로, 흑인 인물을 백인으로 캐스팅하는 것은 작품과 원작

자의 의도에 대한 왜곡이라고 볼 수 있어요. 또한, 전통을 깨는 것은 작품에 익숙한 사람들에게 혼란을 줄 수 있다고 생각해요.

- **She has dark skin.**
  "Juliet is black?", "Not my Ariel." ②

1. O, X, X
2. similar, release/On, the, other, hand
3. Ariel has white skin and red hair./On the other hand, some said the actor's skin color or hair color is not a problem./The controversy continues.
4. 찬성: 우리가 살아가는 사회는 매우 다양한 면모를 가지고 있기 때문에 미디어와 예술 작품이 이런 면모를 반영하는 건 중요해요. 인종적 다양성은 작품을 더 현실감 있게 만들고, 다양한 관객층과 공감대를 형성할 수 있어요.
반대: 백인은 백인이, 흑인은 흑인이 연기하는 것이 원작을 존중하는 것이라고 생각해요. 실존 인물과 피부색이 다른 배우가 연기를 한다면 몰입이 잘 안 될 것 같아요.

- **What do you think about students' use of smartphones? ①**

1. O, X, X
2. parents, be, able, to/Youths, aged, account
3. What do you think about students' use of smartphones and social media?/Children can't control social media well and use it a lot./This is not good for growing children.
4. 찬성: 소셜 미디어는 어린이들에게 다양한 방식으로 해를 끼칠 수 있어요. 예를 들어, 사이버 괴롭힘, 유해한 콘텐츠 노출, 개인정보 유출 등의 위험이 있죠. 게다가 연구에 따르면, 소셜 미디어는 어린이와 청소년의 정신 건강에 부정적인 영향을 미칠 수 있어요. 소셜 미디어 사용은 불안, 우울증, 자존감 저하와 같은 문제 또한 유발할 수 있어요. 따라서 SNS 계정을 가지는 걸 금지하는 게 맞다고 생각해요.
반대: 이 법안은 어린이들의 표현의 자유를 제한할 수 있어요. 또한 SNS는 단순한 오락용 플랫폼이 아니라, 학습을 위해 필요한 플랫폼이기도 해요. 다양한 주제에 대한 정보를 쉽게 접근할 수 있기 때문이죠. 마지막으로, SNS는 친구들과의 소통, 새로운 사람들과의 만남, 사회적 관계를 유지하는 데 중요한 역할을 해요. 학생들이 SNS를 통해 친구들과 소통할 수 없다면, 사회성을 기르는 게 어려워질 거예요.

- **What do you think about students' use of smartphones? ②**

1. O, O, X
2. under, permission/consider, teenager
3. Social media harms children in many ways./The government must help children./Last year, the U.S. state of Utah made a law.

4. 14세 미만의 아이는 부모 또는 법적 보호자의 동의 하에 제한된 시간 동안 스마트폰을 사용할 수 있다.

학교에서는 수업 시간 동안 스마트폰 사용을 금지한다. 필요한 경우, 학교에서 제공하는 디지털 기기를 사용한다. 디지털 기기가 없을 경우, 선생님의 지도 하에 제한된 시간 동안 스마트폰을 사용할 수 있다.

정부는 아이와 부모를 대상으로 디지털 안전 교육 프로그램을 제공해야 한다.

- **We should protect the environment. Rusty rivers in Alaska ①**

1. O, O, X
2. surface, melt/soil, react
3. Recently, rivers in Alaska have turned orange./They look rusty./Experts say that this was caused by climate change.
4. 북극은 다른 지역보다 두 배 빠른 속도로 기온이 상승하고 있어요. 또한, 북극의 빙하는 10년마다 약 13% 감소하고 있죠. 그래서 해수면이 점점 올라오고 있어요. 녹은 빙하가 바닷물에 섞이면서 해양 생태계에 큰 영향을 끼치기도 해요. 게다가 언 땅이 녹으면서 이산화탄소와 메탄 같은 온실가스를 대기 중으로 방출하고 있고, 중금속 같은 오염 물질이 바다로 흘러가고 있어요.

또한, 남극에서는 빙하가 녹으며 펭귄과 크릴새우의 서식지가 사라지고 있다고 해요. 특히, 크릴새우는 바다 생태계에서 탄소를 바다 밑으로 옮기는 역할을 하는데, 이 역할을 하지 못하게 되면 대기에 이산화탄소 농도가 증가하게 돼요. 이는 지구 온난화를 더욱 가속시키죠.

- **We should protect the environment. Rusty rivers in Alaska ②**

1. O, X, O
2. Global, warming, once/serious negative
3. Heavy metals were mixed into the river./Experts warn that such changes will occur more in the future./We should protect the environment.
4. 개인의 노력: 개인이 먼저 노력해야 국가가 바뀔 수 있다고 생각해요. 특히 생활 속에서 에너지를 절약하고, 대중교통을 많이 이용하는 식으로 조금씩 환경을 위한 노력을 해나가야 해요. 개인의 작은 행동이 모여 큰 변화를 만들 수 있어요.

기업과 국가의 노력: 기업과 국가가 노력해야 기후 문제를 해결할 수 있어요. 기업은 친환경 기술에 투자하고, 정부는 환경을 위한 정책을 시행해야 돼요. 체계적인 정책과 기술 개발이 뒷받침 되어야 진정한 변화를 만들 수 있어요.

- **It is going to be completed in 2026. The Sagrada Familia ①**

1. X, X, O
2. genius, architect/ anniversary, death
3. It is a must-see for tourists./The Sagrada Familia is still under construction./

The Sagrada Familia is expected to be completed in 2026.

4. 사람들은 장엄한 외부에 집중하지만, 사실 내부도 몹시 아름다워요. 가우디는 자연에서 영감을 받아 건축물에 반영을 했다고 하는데, 건물 안의 기둥들은 나무의 줄기와 가지를 연상시키는 형태로 설계되었어요. 각 기둥은 서로 다른 각도로 기울어져 있으며, 이는 나무의 자연스러운 형태를 모방한 거라고 해요. 또한 창문을 통해 들어오는 빛은 시간대에 따라 다른 색감이 나타나요. 게다가 정면에 있는 성당의 세밀한 조각들은 예수의 생애를 투영하고 있어요. 보면 볼수록 단순히 장엄한 건물이 아니라 아름답고 다양한 상징성을 가지고 있는 건물인 것 같아요.

- **It is going to be completed in 2026.**
  The Sagrada Familia ②

1. X, O, O
2. war, lack, finance/unique, structure
3. When completed, it will be 172.5m tall,/ The Basilica has a fantastic appearance,/ It was designated as a UNESCO World Heritage Site in 1984.
4. 가우디가 건축한 작품 중 가장 유명한 건 사그라다 파밀리아지만 구엘 공원과 카사 밀라(라 페드레라), 카사 바트요도 유명한 작품이에요. 가우디의 건축물을 관찰하다 보면 곡선 형태와 유기적인 형태가 특히 돋보인다는 사실을 알 수 있는데, 당시 이런 디자인과 구조는 엄청난 혁명이었어요. 이런 형태는 자연으로부터 영감을 많이 받았다고 해요.

- **May I take your order?**
  Amazing coffee-making robot ①

1. O, X, X
2. naturally, unmanned/payment, prepare, customer
3. May I take your order?/'Barisbrew', a coffee-making robot, can do everything in the cafe./It can greet people and have simple communication.
4. 저도 무인 카페에서 로봇 서비스를 이용해 본 적이 있어요. 무인 카페는 사람이 직접 운영하는 카페보다 빠르고, 음료수를 받을 때까지 기다리는 시간이 짧았어요. 로봇이 커피를 만드는 모습을 직접 볼 수 있어서 신기하기도 했고요.

- **May I take your order?**
  Amazing the coffee-making robot ②

1. O, X, O
2. task, add, brew/positive
3. This is all automated./The prices are cheap and the drinks are very delicious./ It's amazing that the robot makes coffee.
4. 로봇이 단순한 작업을 대체하는 현상은 기술 발전의 자연스러운 결과예요. 로봇은 사람보다 빠르고, 정확하죠. 하지만 로봇이 늘어날수록 사람들이 일할 직장이 줄어들기도 해요. 따라서 로봇의 적극적인 도입은 여러 요소를 고려하여 사람들끼리 합의를 통해 이루

어져야 해요. 기술 발전은 점점 빨라지고 있기 때문에 관련된 법을 만드는 과정도 필요할 것 같아요.

나는야 초등 뉴스왕 영어 편

초판 1쇄 발행 2024년 8월 31일

지은이 엄월영
펴낸이 김동하

편   집   이주형
디자인   김수지
펴낸곳   책들의정원
출판신고 2015년 1월 14일 제2016-000120호
주소   (10881) 경기도 파주시 산남로 5-86
문의   (070) 7853-8600
팩스   (02) 6020-8601
이메일   books-garden1@naver.com

ISBN 979-11-6416-221-5 (74700)

· 이 책은 저작권법에 따라 보호받는 저작물이므로 무단 전재와 무단 복제를 금합니다.
· 잘못된 책은 구입처에서 바꾸어 드립니다.
· 책값은 뒤표지에 있습니다.